KB078410

조지 소로스

차례
Contents

프롤로그 : 금융권력에서 정치권력으로

　인간은 실수하기 마련이다. 불완전한 존재인 탓이다. 그러나 그것을 통해 배우지 못하면 결국 심각한 상황에 빠지고 만다. 그래서 "역사를 망각하는 사람들은 그 역사를 반복한다"[1]라는 말까지 나왔다.

　인간의 역사 중에 가장 되풀이되지 말았으면 하는 것이 전쟁이나 천재지변일 것이다. 자연재해야 어쩔 수 없다손 치더라도 인간의 불완전함 때문에 생기는 인재만은 막아야 한다. 자연재해만큼이나 인간에게 피해를 주는 것이 경제공황이다. 공황이 전 세계 차원으로 확대되면 '대공황'이다. 1929년 10월 미국의 주식시장 붕괴로 촉발된 위기는 역사상 첫 번째 대공황으로 기록돼 있다.

1932년 미국의 경제지표를 보면 국민총생산은 대공황 시작 때인 3년 전보다 무려 60퍼센트나 줄었다. 실업자 수는 1,250만 명까지 늘었다. 농업인구를 뺀 나머지 국민의 3분의 1이 일자리를 잃었다.[2] 전쟁은 없었으나 전쟁의 폐허처럼 변해 버린 사회가 됐다.

　　유럽의 상황은 더 심각했다. 대량실업과 불황은 극단주의자들이 발호하는 토양이 됐다. 민주주의의 토대는 무너지기 시작했고 곳곳에서 극단적 전체주의 세력이 발호했다. 대공황의 끝은 제2차 세계대전의 시작이었다.

　　2007년 미국에서 시작된 금융위기를 놓고 다시 '대공황'이라는 낡은 말이 되풀이되기 시작했다. 전문가 계층에서조차 그런 얘기가 나온다. 심지어 국제금융을 관장하는 유엔전문기구인 '국제통화기금'마저 2008년 11월 발표한 「세계경제전망보고서」에서 "대공황 이후 최대의 금융쇼크"[3]라는 표현을 썼다. 전 세계가 금융위기에 따라 경제침체의 수렁으로 빠져들고 있다.

　　금융이란 말은 '돈이 융통된다'는 뜻이다. 돈과 인간의 관계를 역사적으로 파헤쳤던 독일의 클라우스 밀러는 이렇게 말했다. "돈은 천사이자 악마이며, 천국이자 지옥이며, 신이자 악령이며, 독재자이자 친구이다. 모든 꿈속에서 가장 빛나는 꿈이요, 저주 중에서 가장 소름 끼치는 저주인 것이다."[4] 그만큼 다루기 힘들다는 의미다.

　　그런데 '돈의 융통'을 자유자재로 다루어 '세계 금융의 황

제'라고 불리는 이가 있다. 그가 바로 조지 소로스(George Soros, 1930~)이다. 30년이라는 긴 세월동안 돈을 굴려 매년 30퍼센트가 넘는 기록적인 수익률을 올리기도 했다. 물론 성공만 한 것은 아니다. 1998년 8월 러시아의 모라토리엄(대외채무 지불유예) 선언으로 엄청난 투자손실을 입은 적도 있다.

그런 그가 다시 부상하고 있다. 건재한 정도가 아니라 새로운 지구촌 금융위기의 막후 해결사로 떠오르고 있다. 한 치 앞을 내다볼 수 없는 국제금융시장을 좌지우지해 온 전문가로서의 경험이나 소로스펀드 운용 자금 200억 달러5)를 통해 발휘할 수 있는 금융시장에서의 영향력 때문이다.

소로스의 금융권력이 정치권력으로까지 그 영역을 급속히 넓혔다. 그런 흐름은 이미 여러 곳에서 포착돼 왔다. 버락 오바마(Barack H. Obama, 1961~) 민주당 정부 출범의 1등 공신 중 한 사람이 바로 조지 소로스라는 사실은 공공연한 비밀이다. 본래 빌 클린턴(Bill Clinton, 1946~) 전 대통령과 가까웠던 소로스는 민주당 경선에서 처음부터 철저히 오바마 지지로 돌아섰다. 미국 재계의 돈줄을 힐러리 클린턴(Hilary Clinton) 후보에서 오바마로 돌려 버린 장본인도 바로 소로스이다.

오바마 정부의 과제는 분명하다. 대공황 이후 최악이라는 불경기를 극복하는 것이 그것이다. 지구촌을 뒤덮은 금융쇼크를 회복시켜야 할 주역이라는 점에서 소로스는 오바마 정권의 미국을 중심으로 엄청난 정치적·정책적 영향력을 발휘해 나갈 것이다.

전례 없는 성공을 거둔 펀드 매니저로서의 소로스, 자선사업의 대가로 명성을 얻은 소로스도 있지만, 과거의 유산은 '막후의 정치 실세'로 떠오르고 있는 소로스를 받쳐 주는 바탕일 뿐이다.

소로스는 이제 인생의 마지막 지점을 향해가고 있다. 금융 전문가나 자선사업가의 체취도 여전히 남아있겠지만 그의 마지막 모습은 경제사상가로서 자신의 철학을 현실에 적용시켜 세상을 변화시켜 보려는 데에 집중될 것이다.

그는 입버릇처럼 경제철학자로서 자신의 신념을 실현시킬 수 있는 마지막 기회를 노려 왔다. 케인즈(John M. Keynes, 1883~1946)처럼 한 시대를 예리하게 짚어 낸 경제철학자로 인정받으려는 속내를 여러 저서에서 내비쳐 왔기 때문이다. 특히 케인즈의 기념비적 저서 『고용·이자 및 화폐의 일반이론』처럼 한 시대를 새롭게 이끌어 가는 보편원리를 찾아내려는 것이다. 소로스가 케인즈와 다른 것이 있다면 소로스는 현실에서 그 원리를 찾아낼 뿐만 아니라 행동으로 옮겨 세상을 바꿔 나가려는 야심을 가지고 있다는 사실이다.

소로스를 정확히 파악해야 할 이유는 그래서 '과거'보다 오히려 '미래'에 있다. 소로스는 자신의 전기를 집필한 카우프만과의 대화에서 가장 좋아하는 일이 사색이라고 했다. "사색으로 채울 수 없는 것은 행동으로 채운다"고 말했다.[6]

소로스는 오랜 인생 여정에서 사색의 시간을 끝내고 행동과 결단을 통해 자신에게 주어진 마지막 시간을 마무리하려

하고 있다. 소로스의 마지막 결단이 어떤 것인지 우리는 주의 깊게 지켜봐야 한다. 미국과 세계의 미래를 미리 읽을 수 있는 단서가 그곳에 들어 있기 때문이다.

이 작은 책은 당대의 걸출한 인물 소로스를 통해 궁극적으로 세상의 미래를 들여다보려는 의도로 씌었다. 소로스의 과거와 현재를 통해 미국과 세계의 미래를 엿보려는 것이다.

미래는 준비하지 않는 자에게는 두려움이다. 그러나 준비하는 자에겐 즐거움이라는 경구를 되새겨 본다.

소로스의 정체성 : 냉소적 사실주의 vs. 고고한 이상주의

인간의 내면에는 워낙 여러 본질이 섞여 있어 객관적 파악이 쉽지 않다. 다양한 색깔이 촘촘히 배열된 빛의 스펙트럼 같은 존재가 바로 인간이다. 그래서 한 인간의 정체성을 객관적으로 파악하기란 여간 쉬운 일이 아니다. 오히려 동시대의 사람들이 그 인물을 어떤 시선으로 바라보았는지를 먼저 따져 보는 것이 더 진실에 가까울 수도 있다.

조지 소로스는 보는 사람에 따라 극단적인 이미지가 공존한다. 대중들의 뇌리에서조차 그 이미지가 상충되는 특별한 인물이기도 하다. 수단과 방법을 가리지 않는 장사꾼의 냉혹한 모습이 있는가 하면, 다른 한편으로는 엄청난 재산을 사회로 환원하는 자선가이기도 하다. 그뿐만이 아니다. 세계경제의 흐름을 분석하고 대안을 내놓으려는 경제사상가의 면모도 계속 보여 왔다.

그래서 소로스의 모습은 정삼각형으로 비치는 것 같다. 그 각각의 꼭짓점에 환투기꾼, 경제철학자 그리고 기부천사의 모습이 마치 딴 사람처럼 명확히 구분돼 배치된 느낌마저 든다. 소로스는 그런 점에서 다중성이란 인간의 본질을 가장 잘 보여 주는 인물이기도 하다.

세 얼굴의 사나이

소로스의 첫 번째 이미지는 국제금융 전문가로 다가온다. 비판적인 사람에게는 국제적인 환투기꾼으로 비치고, 그 반대편의 사람에게는 '투자의 신'으로 추앙받는다.

1992년 발생한 영국의 파운드화 위기 사태는 소로스가 투자를 잘 하는 정도가 아니라 한 나라마저 마비시킬 정도의 영향력을 가진 '환투기꾼'일 수 있다는 이미지를 퍼뜨렸다. 영국 중앙은행은 거의 마비될 정도였고 이 와중에 소로스의 펀드가 남긴 환차익은 무려 10억 달러를 훌쩍 넘었다.[7] 영국인들은 나중에 그를 가리켜 '악마'라고 부를 정도였다.

영국만 그런 것이 아니라 아시아도 마찬가지였다. 1997년 태국의 바트화 하락으로 시작된 금융위기로 인해 아시아 국가들이 도미노처럼 쓰러지자 그 배후로 소로스가 지목됐다. 당시 말레이시아 총리 마하티르(Mahathir bin Mohamad, 1925~)는 아시아 금융위기를 조장한 '주범'이 조지 소로스라고 말한 뒤 '저능아'라는 표현을 써 가며 그를 원색적으로 비난했다. 마하티르의 측근들은 '유태인의 앞잡이'라는 과격한 언어를 동원하기까지 했다.[8]

당시 금융위기를 맞았던 한국에서도 조지 소로스는 논란의 대상이었다. 그런데 금융위기의 주범으로 몰렸던 그였지만 한국 정치인들 사이에서는 이례적으로 영웅처럼 여겨졌다. 당시 대통령 당선자였던 김대중은 소로스를 사저로 불러 극진히 대접하며 외환위기 해결에 대한 조언을 듣는 등 다른 아시아 국가와 대조적인 반응을 보였다.

그러나 과거 자신을 비난했던 정부들이 앞다투어 자문을 요청할 정도로 조지 소로스의 영향력은 더욱 커져만 갔다. 그 이유는 밖으로 비친 '환투기꾼' 이미지와는 달리 그의 투자가 긍정적으로 작용한 경우가 더 많았기 때문이다. 미국의 저명한 경제학자인 폴 크루그먼조차 파운드화 위기가 소로스에 의해 촉발되지도 않았을 뿐만 아니라 결과적으로는 영국 경제회복의 바탕이 됐다는 입장을 1999년에 출간된 그의 저서 『불황 경제학』에서 주장했다.

소로스가 가진 두 번째 이미지는 기부천사의 모습이다. 미국 경제주간지 「비즈니스위크(The Business Week)」가 2004년부터 4년간 사회에 거액을 환원한 50명의 미국 거액 기부자를 집계해 발표한 적이 있다. 이들 가운데 소로스는 전체 4위였다. 그의 앞에는 워렌 버핏(버크셔 해서웨이 회장), 빌 게이츠(마이크로소프트 회장)와 부인 멜린다 그리고 조지 카이저(BOK파이낸셜 회장) 등만 있을 뿐이었다.9)

기부액의 규모 등으로 따져 보면 빌 게이츠 부부가 훨씬 많지만 그 기부의 역사로 따져 보면 소로스가 훨씬 더 압도적이다. 빌 게이츠가 회사를 창업했던 때가 1975년이었는데 소로스는 이전부터 이미 반공산주의 지식인들에게 무모할 정도의 자금지원을 시작했다. 그리고 1979년에 '열린사회 기금'을 만들어 조직화하면서 천문학적인 자금을 들여 자선과 기부활동을 본격화했다.

소로스의 마지막 얼굴은 철학자 혹은 사상가의 이미지다. 그 자신이 스승으로 여겨온 칼 포퍼(Karl R. Popper, 1902~1994)를 잇는 비판적 철학자나 케인즈처럼 경제현상을 하나의 이론으로 설명하려는 경제철학자의 면모를 지니고 있다. 소로스는 런던정경대학(LSE)에 다닌 이후 늘 학자의 꿈을 간직하고 있었다. 월스트리트에서 일하던 젊은 시절에도 칼 포퍼에게 편지를 보낼 정도로 학문에 대한 미련을 버리지 못했다. 나중에 사업가로 성공한 이후 그는 자신을 케인즈에 필적할 만한 경제철학자로서의 이미지로 남기고 싶어 했다.

그래서 소로스는 경영인으로서는 드물게 일련의 철학이나 경제학 저서를 출간해 왔다. 첫 저서였던 『금융의 연금술(The Alchemy of Finance)』을 시작으로 2008년 미국의 서브프라임 모기지 사태로 악화 일로를 걸어 온 경제위기를 보며 다시 썼던

『금융시장의 새로운 패러다임(The New Paradigm for Financial Markets)』에 이르기까지 일관성 있게 등장하는 '재귀성 이론(The Theory of Reflexivity)'은 소로스의 독창적 철학의 정수라 할 만하다.

출신 배경을 뛰어 넘은 코즈모폴리턴

한 인간의 정체성을 파악하는 가장 초보적인 방법은 예나 지금이나 생물학적 환경을 따져 보는 것이다. 출신 지역이나 인종 혹은 민족적 배경을 알면 자연스레 파악할 수 있는 부분도 적지 않다.

그러나 자칫 생물학적 환경만 보면 선입견이나 편견에 휘둘릴 수도 있다. 혈연주의가 유독 강한 우리 사회가 조심해야할 문제이기도 하다. 예컨대 소로스가 2006년 세 번째 결혼을 했는데 그 당사자가 '제니퍼 전(한국명 전명진)'이라는 한국계 재미 바이올리니스트였다. 이런 사실만 가지고 소로스의 대한국관을 따져 보는 것은 매우 성급할 수도 있다는 의미다.

조지 소로스의 뿌리를 탐색할 수 있는 소로스의 전기는 크게 두 가지다. 미국의 베스트셀러 작가인 로버트 슬레이터(Robert Slater)가 1997년 펴낸 전기는 '공인받지 않는 전기'10)라는 부제가 붙어 있다. 소로스로부터 물질적·정신적 지원을 받지 않은 독립적인 서술인 점을 강조했다. 주로 금융투자가로서의 성공 이야기에 집중했다.

이에 반해 언론인 출신 카우프만(Michael T. Kaufman)이 펴낸 전기는 슬레이터의 책보다 훨씬 더 공인된 전기에 근접한다. 소로스의 전폭적 지지를 받은 책이긴 하지만 소로스에 우호적인 시각만 걷어낼 수 있다면 소로스를 가장 가까이에서 객관적으로 볼 수 있는 책이기도 하다.[11]

전기를 중심으로 보면 소로스의 환경적 뿌리는 크게 세 가지다. 헝가리에서 출생한 유태인이며, 런던에서 공부했고, 미국에서 성공했다는 것이다. 우선 헝가리라는 환경을 살펴보면, 그곳에서 태어나 자랐지만 소로스에게 깊은 영향을 주지는 않았다. 카우프만은 "소로스는 헝가리어를 한다는 것 외에는 자신의 조국과 별다른 유대 관계가 없다고 종종 말했다"는 점을 분명히 전하고 있다.

따라서 자선사업의 본격적 출발이라고 할 수 있는 '소로스재단(혹은 열린사회 재단)'이 제일 먼저 헝가리의 부다페스트에 개설된 이유도 민족적 배경과는 매우 무관해 보인다. "헝가리를 선택한 가장 큰 이유는 '그 망할 놈의 언어' 때문이었다고 말했다"는 것이다.[12] 복잡하고 정교한 헝가리의 마자르어가 너무 난해해 외지인들이 애를 먹고는 했지만, 소로스에게는 모국어여서 다른 헝가리 사람들과 금방 친해질 수 있었던 다리 역할을 톡톡히 해 주었기 때문이다.

소로스는 그런 점에서 헝가리 출신이긴 하지만 우리가 일반적으로 추론할 수 있는 헝가리라는 민족적 정체성이 그의 행동에 영향을 미쳤다는 증거는 거의 찾을 수 없다.

소로스는 또 유태인이지만 유태인을 넘어 세계시민의 기질을 더 분명하게 보여 주었다. 국경을 무력화하는 국제금융의 속성도 있지만 기본적으로 유태교에 대한 신앙적 깊이도 없을 뿐만 아니라 유태인 단체에 대한 불신도 어린 시절부터 경험했기 때문이다.

종교적으로 가족의 뿌리가 유태교 신앙이긴 했지만 이미 소로스의 아버지 대에서부터 그다지 독실하지도 않았다. 그의 아버지 티바다르(Tivadar Soros, 1894~1968)는 에스페란토어로 집필했던 회고록 『마스케라도: 나치 치하의 헝가리에서 추었던 죽음의 춤』에서 "신성함에 깃들여 있는 인간적인 속성에 겁을 먹은 나는 아예 기성 종교를 멀리 했다. 예배에 참석하는 것보다는 차라리 인간의 삶을 걱정하고 있을 때, 더 큰 행복을 느꼈다. 인간에 대한 이해와 사랑, 관용과 같은 것이 내가 구하던 미덕이었다"고 술회했다.[13]

이런 분위기에 젖어서인지 그가 쓴 어떤 글에서도, 또 그의 전기에서도 종교적 분위기를 찾기는 힘들다. 기본적으로 그가 매우 현실적이면서, 또 금융이라는 냉혹한 자본주의 세계의 일에 종사했다는 사실과도 깊은 관련이 있을 것이다.

소로스가 런던에서 혼자 공부하던 시절 생활이 어려워 '유태인후원회(Jewish Board of Guardians)'에 보조금을 신청한 적이 있었다. 그러나 직업교육이 아니라 대학교육 지망생에게는 지원되지 않는다는 이유로 그 신청이 기각됐다. 그는 그 일로 인해 매우 속상해 했다고 한다. 그런 점에서 소로스가 유태인임을 강조하는 진술은 주로 그를 비난하는 세력에 의해 더 많이 나왔음을 유념할 필요가 있다.

소로스는 세계적인 부자로 성공했지만 돈에 대한 개념 자체가 다른 부자들과는 달랐다. 돈 버는 것을 언제부터 좋아했느냐는 질문에 대해 소로스는 "저는 돈 버는 것을 좋아하지는 않습니다. 단지 그 일을 잘할 뿐이죠"라고 대답했다.

이에 대해 카우프만은 "돈이라는 것은 어떤 목적을 이루기 위한 수단일 뿐 그 자체가 목적일 수 없다고 살아생전 강조하던 아버지의 말을 (조지 소로스가) 잊지 않고 있다"고 해석했다.

따라서 소로스에게는 외부적 요소보다는 오히려 가정적인 요소 특히 아버지의 영향이 훨씬 더 컸다고 할 수 있다. 결국 소로스의 정체성은 민족적·종교적인 생물학적 환경보다는 그가 성장할 때 받은 아버지의 교육과 직접 경험이 훨씬 더 큰 영향을 미쳤다는 것을 분명히 알 수 있다.

아버지의 교육, 소로스 정체성의 본질

카우프만은 "사실 티바다르는 소로스의 가족사를 지배하는 중심이었다"며 특히 "가문이나 친척·종교·계급·국적·시민권 등의 나머지 정체성은 그에게 있어서 모두 부차적인 것이었다"고 지적했다.

티바다르 소로스(Tivadar Soros)는 1914년 제1차 세계대전이 발발했을 때 오스트리아-헝가리[14] 육군에 입대했다. 당시 입대 이유는 불타는 애국심이라기보다는 참전을 통해 가치 있는 모험을 할 수 있다는 믿음에서였다. 고고한 이상주의의 발현이었다.

티바다르는 전쟁 중 러시아에 포로가 돼 거의 2년 동안 극동 지역인 하바롭스크 근처의 포로수용소에서 견뎌야 했다. 게다가 1918년 전쟁이 끝났을 때 러시아는 내전 상황이었고 이 전쟁의 아수라장 속에서 헝가리까지 돌아가야 했다. 아버지 티바다르는 아들 조지 소로스에게 1937년부터 이러한 전쟁 경험을 상세하게 들려주었다고 한다. 아들 조지 소로스에게 준 교훈은 고고한 이상주의로 시작했던 입대가 결국은 냉혹한 현실로 끝맺을 수밖에 없는 삶의 본질이었다. 고고한 이상주의가 얼마나 비현실적인지를 누이가 아들에게 강조했던 셈이다. 그러나 정작 티바다르는 여전히 이상주의자로서의 삶을 살았고 고비가 올 때만 냉혹한 현실주의자로 바뀌었다. 이상주의와 현실주의가 늘 엇갈린 채 티바다르의 삶을 장식한 것이다.

이상주의자로서의 삶은 티바다르에게는 에스페란토어[15] 사랑으로 연결됐다. 이 언어는 러시아 포로수용소 시절에 배우기 시작했다. 헝가리에 소련 공산군이 들어왔을 때 아버지와 아들 소로스는 스위스에서 열리는 국제 에스페란토어 학회에 참여한다는 명목으로 빠져나갔다. 그리고 조지 소로스는 그곳에서 영국으로 갔다.

나중에 조지 소로스가 '열린사회'에 대한 열정을 가졌던 원인 중 하나가 바로 국제주의, 반분파주의 그리고 사해동포주의를 구현하는 언어인 에스페란토어에서 출발했다는 점은 주목할 만하다. 아버지의 고고한 이상주의가 그대로 아들에게 유전된 것이다.

조지 소로스가 아버지로부터 물려받은 또 하나의 유산은 포로수용소, 내전 치하의 러시아, 나치 치하의 헝가리 그리고 소련 치하의 공산 헝가리에서도 군건히 살아남았던 타고난 생존본능이었다.

티바다르는 이런 경험을 통해 본능적으로 위기를 먼저 직감하는 능력을 터득했고 조지 소로스도 어릴 때부터 자연스레 이를 생활의 중요한 법칙으로 받아들였다. 변호사였던 티바다르는 독일군이 헝가리에 들어왔을 때도 '유태인 학살' 위험을 직감하고 가족을 위장 전입시켜 유태인의 신분이 드러나지 않도록 필요한 모든 조치를 취했다. 카우프만은 "티바다르는 온갖 상황을 다 떠올리며 가족의 안전을 위한 전략·전술을 다각도로 궁리하기 시작했다. 천하태평이던 '인생의 예술가'가 시베리아 포로수용소에서 생활하던 당시의 생존 전문가로 신속하게 탈바꿈했던 것이다"[16]라고 당시를 기록했다.

아버지에게서 발견됐던 생존본능은 아들 조지 소로스 시대의 전혀 예측이 불가능한 국제금융시장에 그대로 적용됐다. 피를 말리는 총성 없는 '투자 전쟁' 속에서도 끝까지 냉정을 잃지 않은 채 자신의 게임을 풀어 나가는 능력도 아버지의 생존본능 그대로였다.

티바다르는 경쟁심을 자녀교육의 핵심으로 삼았다. 큰아들

폴과 둘째 조지에게 복싱에서 체스에 이르기까지 끊임없이 경쟁을 시켰다. 두 아들은 모두 스포츠나 놀이가 아니라 '서바이벌 게임'을 치러야 했다. 티바다르는 게임을 통해 아들들의 생존의지를 키워준 것이다.

조지 소로스는 그 승부욕을 그대로 물려받았다. 조지 소로스의 아들이며 티바다르의 손자인 로버트 소로스도 마찬가지 교육을 받았다. 경쟁심을 불러일으키는 교육이 소로스 가문의 전통이 된 것이다. 로버트 소로스는 "설사 게임을 한다 해도 아버지(조지 소로스)가 아들이 어리다는 이유로 봐준 적은 없었다"고 회상했다. 특히 조지 소로스는 "아이들이 게임에서 어떤 노력 없이 이기도록 내버려 두는 것은 아이들이 성장하여 장차 더욱 거대하고, 강력하며, 영리하고, 노련한 어쩌면 더 지독한 미래의 적들과 대항할 때, 자칫 잘못된 판단으로 훌륭한 기회를 놓치는 어리석은 인간을 양산할 뿐"이라고 믿었다.

헝가리에서 나치 독일이 물러간 자리에는 다시 러시아가 '소련'이라는 이름으로 나타났다. 이미 러시아에서 포로생활을 했던 아버지 티바다르는 본능적으로 그 실체가 무엇임을 정확히 깨달았다. 1946년 조지 소로스는 아버지의 권유로 헝가리를 떠나 베른을 거쳐 영국에 도착했다. 소로스가 아버지의 철학을 홀로 그것도 맨 밑바닥에서 경험한 것은 바로 이 9년간의 영국 유학생활 때였다.

이 기간 동안 소로스는 장차 세계금융의 황제로 거듭나기 위한 기초를 다졌다. 런던정경대학에서 경제를 배웠고 석학들을 만났으며 동시에 적극적인 행동주의자로서의 삶을 시작했다. 물론 어린 소년이 지구촌 저 반대편에 내동댕이쳐진 것 같은 삶을 받아들이기란 쉽지 않았을 것이다. 소로스는 이 시절에 대해 이렇게 회고했다.

"사실 그때가 내 인생에 있어 최저점이 되는 순간이었습니다. 나름대로 숱한 위기를 넘기고 살아남은 나같이 영리하고 재주 많은 젊은이에게 모두 큰 관심을 보일 것이라 믿고 있었는데 아무도 거들떠보지 않는 것이었어요."

이렇듯 조지 소로스는 냉정한 승부사의 기질이 고고한 이상주의와 공존했던 아버지의 철학을 그대로 물려받았다. 냉혹한 자본의 시장에서 피를 말리는 전쟁을 벌여 왔지만 여전히 세계의 앞날을 걱정하고 위기를 해소하려는 일련의 저작활동을 계속하며 '경제철학자'의 모습을 지니려 했던 것도 바로 그 때문이다.

칼 포퍼의 '열린사회'의 세례를 받다

런던 유학 시절 소로스의 인생에 가장 큰 영향을 준 것은 철학자 칼 포퍼와의 만남이다. 소로스는 포퍼의 주저였던 『열린사회와 그 적들』[17]이란 책을 읽고 깊은 감명을 받았다. 이때가 1952년경이다.

소로스가 이 책에 주목한 이유는 자신의 경험과 깊은 관련이 있다. 나치 독일에서 가까스로 살아남았고 다시 소련 공산주의를 피해 런던으로 온 그에게 '닫힌사회' 즉, 전체주의는 청산해야 할 그 무엇이었기 때문이다.

소로스는 포퍼에게 편지를 보내 "교수님의 저서를 읽고 난 뒤에 교수님께서 제 연구를 지도해 주신다면 큰 도움이 되리라는 확신이 들었습니다"고 밝혔다. 포퍼는 "열린사회와 닫힌사회의 차이를 밝힌 논문을 써 보내라"고 답장을 했고 소로스가 다시 논문을 보낸 뒤 포퍼의 자택을 한두 차례 방문했다고 한다. 물론 소로스 자신도 포퍼 교수를 몇 번 면담했는지에 대한 기억이 확실치 않다.

포퍼 역시 소로스를 전혀 기억하지 못했다. 이는 포퍼 입장에서 소로스의 연구가 그다지 기억할 만한 수준이 아니었음을 나타내 준다. 다만 카우프만의 지적대로 포퍼의 '열린사회'는 "고고한 야망과 선지자적 비전을 걸 수 있는 유일한 옷걸이의 역할"을 해 주었다[18]고 할 수 있다.

런던정경대학을 졸업한 소로스는 1956년 26세의 나이로 대서양을 건너 미국으로 갔고 월스트리트에서 전례 없는 성공을 거두기 시작했다. 그는 미국에 간 뒤에도 여전히 철학에 대한 미련을 버리지 못했던 것으로 보인다. 1963년 포퍼에게 프로이트(Sigmund Freud, 1856~1939)에 대한 비평문을 보냈으며, 1964년 12월 말 그리고 1965년 8월에도 논문을 포퍼에게 보냈다는 기록이 남아 있다.

물론 이런 일련의 과정을 통해 소로스가 철학도로서의 입장을 계속 견지했으며 포퍼의 '열린사회' 개념을 더욱 현실화

혹은 내면화했다고 단정하기는 힘들다. 다만 동유럽 공산주의 체제에 이상 징후가 발견되기 시작한 1975년 이후 인권활동에 가담하고 나아가 이를 지원하기 위한 조직을 준비하면서 과거 런던정경대학 재학 시절 감명받았던 '열린사회' 개념을 차용했다고 보는 편이 더 타당할 것이다.

최고의 수익률, 소로스의 금융권력

헤지펀드에 비판적인 사람들에게 소로스는 악마의 모습으로 다가온다. 그러나 실제로 자신의 돈을 시장에 투자하고 있는 보통 사람들에게 그는 선망의 대상이다. '마이더스의 손'이라든가 '돈의 연금술사' 혹은 '헤지펀드의 제왕'이라는 별명이 바로 그런 심리를 반영한다.

그의 성공에 대한 가장 일반적 묘사는 이렇다.

> 그는 1993년 「파이낸셜 월드」가 선정한 월스트리트 100대 고소득자 랭킹에서 1위에 올랐다. 1993년 유럽 통화 시장에서 벌어들인 돈만 11억 달러였다. 이는 당시 유엔 가입 42개국 최빈국 GDP를 합한 것보다 많은 수치다.[19]

이와 함께 가장 많이 쓰이는 내용은 1969년 소로스가 독립한 이후 퀀텀펀드는 19년간 매년 35퍼센트의 수익률을 올렸다는 내용이다. 전 세계 금융계가 사용하고 있는 헤지펀드 거래 기법의 절반 이상을 소로스의 퀀텀그룹이 개발했다는 점도 자주 인용된다.

소로스의 브랜드 파워, 신의 경지에 이르다

브랜드 자산 관리와 전략 수립 분야의 세계 최고 권위자인 데이비드 아커(David Aaker)는 브랜드화된 최고경영자는 브랜드에 활력을 불어넣고 증폭시키는 매우 긍정적 역할을 한다고 지적했다.[20]

예컨대 아이아코카(Lee Iacocca)는 신뢰와 경쟁력이라는 믿음을 줘 크라이슬러 자동차를 회생시켰다. 영국 버진그룹의 브랜슨(Richard Branson)은 기이한 곡예비행을 통해 버진 브랜드의 활력과 개성을 창출하는 데 커다란 역할을 했다.

한편 CEO의 이미지가 회사의 브랜드를 압도하는 경우도 종종 있다. 사람들은 GE라는 회사 제품에 무엇이 있는지 모르지만 CEO 잭 웰치(Jack Welch)의 이름은 알고 있다는 사실이 자주 거론된다(물론 나중에 잭 웰치에 대해서는 매우 부정적 비판이 잇달아 나오기도 했다). 그래서 CEO 브랜드란 최고경영자가 가진 능력과 리더십, 시장가치나 지명도 등을 종합한 개념이다.

현대 경영에서 CEO 브랜드는 매우 중요하다는 평가를 받고 있다. 미국의 세계적인 기업 컨설팅·홍보 업체 버슨-마스텔러는 그런 점에 주목해 'CEO 평판' 조사[21]를 해 오고 있다. 그 결과 CEO 브랜드가 강한 기업은 투자자로부터 일반 소비자에 이르기까지 모든 고객들로부터 신뢰를 얻고 있다는 사실이 분명해졌다. 펜실베이니아대 경영학과 데이비드 라커 교수는 "CEO의 평판이 10퍼센트 좋아지면 그 기업의 시가총액은 24퍼센트 늘어난다"는 결론을 내리기도 했다.[22]

국제금융시장에서 소로스라는 이름은 어떤 의미를 가질까? 그의 말 한마디가 세계의 주식을 좌지우지할 정도의 영향력이다. 국제금융시장에서 소로스의 평판은 거의 신화에 가깝다. 한국의 한 외환딜러가 자신의 책에서 소개한 사례를 그대로 인용해 보자.

1993년 4월의 세계 금값 폭등도 그의 작품이었다. 소로스가 미국의 한 광산회사의 주식을 매입한 것이 금 매입으로 와전되며 투자자들의 금 사재기를 촉발했기 때문이다.

소로스의 영향력이 얼마나 막강한 것인지 또 다른 예를 들자면 1996년 1월 일본 도쿄에서의 한 국제 세미나에서 '일본 시장은 세계 투자자들에게 최고의 기회를 제공할 것으로 본다'라고 말하자 폐장 10분을 앞두고 있던 일본주식시장의 닛케이지수도 단숨에 300포인트 가량 치솟았다.[23]

물론 소로스의 투자 행태에 대한 비판도 끊이지 않는다. 한 시사평론가는 1992년 영국 파운드화 위기 때 소로스의 행태를 예로 들며 "언론 플레이를 통해 시장을 자신이 원하는 방향으로 몰고 간 뒤 이익을 챙긴다"고 지적했다.

세칭 '아나운서 효과'를 겨냥한 고도의 언론플레이였다. 아나운서 효과는 일종의 바람잡이 전술로서 금융시장과 투자가들에게 영향력이 절대적인 자신의 공개예언을 통해 실제 시장상황을 자신이 원하던 방향으로 몰아간다는 의미이다.

소로스의 이런 바람잡이 전술이야말로 서방 중앙은행 등 비판자들로부터 그가 '투기꾼'이라는 비난을 받는 최대 근거이기도 하다. 소로스는 언론을 이용해 분위기를 잡아가는 동시에 자신이 운영하는 전 세계 수백여 개의 헤지펀드를 총동원, '파운드화 팔자'와 '마르크화 사자' 주문을 계속 내면서 무자비하게 파운드화 폭락을 주도해 나갔다.[24]

그러나 경제학자들은 소로스의 이런 행태로 파운드화가 하락된 것이 아니라 파운드화 자체가 이미 그런 상태에 있었고 다만 소로스는 기껏해야 시기만 좀 앞당겼다는 인식을 가지고 있다.

소로스를 비난하든 혹은 옹호하든 모두 시장에서의 영향력에 관한 한 이견이 없다. 금융위기를 겪으며 소로스를 '공적 제1호'로 몰았던 정부조차 입장을 바꿔 "도리어 그와 돈독한 관계를 맺으려고 온갖 추파를 던지고 있다"는 지적도 있다.

소로스의 막강한 정보수집력과 날카로운 판단력, 그리고 엄청난 자본동원력에 기초한 세계적인 영향력을 더 이상 무시할 수 없기 때문이다.

소로스를 도덕적으로 비난할 수는 있어도, 그의 시장 영향력은 거의 절대적이다. 상상할 수 없는 시장에서의 영향력은 소로스의 이름이 갖는 브랜드이자 가치이다. 물론 이와 같은 평판을 쌓기까지는 오랜 기간이 걸렸으며 그의 노력과 끈기가 빚어낸 결과물이라는 점은 부인할 수 없다.

창의력으로 승부하라

소로스의 미국생활은 먼저 미국에 와 있던 형 폴의 집에 여장을 푼 뒤 시작되었다. 첫 직장은 장외거래 회사였던 메이어(F. M. Mayer & Co.)였다.

그는 런던에 있던 경험 때문에 국제정세에 대단히 밝았고 또 조예도 깊었다. 마침 이집트 대통령 나세르(Jamal Abdan Naser, 1918~1970)가 수에즈 운하를 국유화하면서 유럽주식이 요동을 쳤다. 소로스는 이때 런던에 있던 인맥을 동원해 대단한 활약을 펼치며 성공적으로 뉴욕에 안착했다.

소로스는 늘 새로운 창의력으로 새로운 일에 도전했다. 금융시장에서 파생상품을 늘 새롭게 개발한 전통이 그때부터 시작됐던 것이다. 당시 베어스턴사에서 근무했고 나중에 이 회사 최고경영자가 됐던 엘런 그린버그는 소로스를 이렇게 평가

했다. "조지는 늘 새로운 생각으로 가득한 사람이었습니다."[25]
그린버그는 이 시절 소로스와 많은 정보를 나눴으며 같이 일을 한 경우도 많았고 또 대부분 성공했다.

그 후에 소로스는 규모가 크며 또 뉴욕증권거래소 회원사였던 위트하임(Wertheim & Co.)으로 옮겼고 다시 1963년에 안홀드 & 블레이크로더(Arnhold and Bleichroeder)사에 입사했다. 독일에서 1864년 창설된 '안홀드 브라더스 은행'을 모태로 하는 이 회사는 소로스의 능력을 꽃피우기 시작한 교두보였다.

소로스가 이곳에서 다룬 종목은 역외펀드(Off-shore Fund)였다. 조세나 금융에서 이익을 누리기 위해 투자 대상국이 아닌 제3국에서 조성된 형태로 운영된다. 소로스는 이 펀드를 16종목으로 나누어 유망주라고 생각되는 종목을 선정한 다음, 출자금으로 새로 구성한 포트폴리오를 작성했다. 처음에 10만 달러로 시작했으며 나중에 투자가는 기하급수로 늘어났다.

그러자 그 이름을 이글펀드(Eagle Fund)로 붙였고 이 성공에 힘입어 두 번째 더블 이글을 설립했는데 이것이 바로 '헤지펀드'[26]였다. 헤지펀드의 가장 중요한 특성은 운영자에게 맡겨진 자율성이었다고 할 수 있다. 투자시장 선택권이 투자자로부터 펀드 매니저에게로 완전히 넘어왔다는 의미가 더 강했다.[27] 이는 소로스가 자신의 역량을 최대한 발휘할 수 있는 환경이 됐다는 뜻이다.

퀀텀펀드, 전설의 시작

소로스는 안홀드 & 블레이크로더에서 이글펀드를 성공적으로 운영 중이던 1968년 자신보다 12세나 아래였던 짐 로저스(Jim Rogers, 1942~)를 스카우트 해 왔다. 회사 내에서는 로저스 반대 분위기도 있었지만 소로스가 그의 능력을 눈여겨보아 밀어붙였다고 한다.

두 사람 모두 야망이 대단하며 지적이었지만 큰 차이도 있었다. 소로스는 자신감을 어느 정도 감추며 속내를 드러내지 않았지만 앨라배마의 시골에서 태어나 예일대를 졸업하고 영국의 옥스퍼드 대학원까지 나온 로저스는 자부심을 내보이는 데 거침이 없었다. 더군다나 로저스는 호전적이었으며 시비조의 말투로 회사 내에서도 그를 견제하는 세력이 많았다.

이듬해인 1969년 소로스는 당시 미국에서 태동기였던 부동산투자신탁을 적극 활용하기 시작했다. 특히 이와 관련된 「투자분석보고서」를 내 투자자들의 선풍적인 인기를 모았다. 그런데 결과적으로 증권거래위원회(Securities and Exchange Commission, SEC) 매수금지 조항 위반을 했다. 분석가로 투자 조언을 하면서 동시에 펀드 매니저로서 자신의 조언을 실행하는 것이 SEC 규정 위반이었던 것이다. 이 사건을 계기로 소로스는 회사로부터 독립하겠다는 결정을 했다.[28]

소로스는 로저스와 함께 비서 두 명만 데리고 나가 '소로스 펀드 매니지먼트'사를 세웠다. 더블 이글이 운용하는 자산 규모가 2,000만 달러였는데 그중 1,300만 달러가 소로스의 새 회사로 옮겨 왔다. 새로운 투자자들이 더 많이 모이면서 독립 1년 만에 운용자금은 1,800만 달러를 훌쩍 넘겼다. 물론 안홀드 & 블레이크로더와는 매우 우호적인 관계였다. 이 회사는 펀드 중 상당 부분을 다시 소로스에게 운용을 맡겼다. 나중에 '소로스 펀드 매니지먼트'의 이름은 퀀텀펀드로 바뀌었다.

퀀텀펀드는 놀라운 성장을 계속해 갔지만 시련도 많았다. 1978년 소로스는 '컴퓨터사이언스'라는 회사의 주식을 매각해 주가를 끌어내린 뒤 낮은 가격으로 주식을 매입했다는 혐의로 SEC에 의해 고발되기도 했다. 소로스 펀드의 자금운용 규모가 천문학적으로 늘어났지만 직원은 최대 8명을 넘지 않았다. 이 과정에서 소로스와 로저스의 관계가 계속 악화되기 시작했다. 1979년 로저스가 마침내 소로스의 회사를 떠났다.

두 사람의 결별 이유는 조직문제였다. 저술가 마크 티어는 두 사람이 결별한 이유로 "그는 동료를 늘려야만 펀드가 계속 성장할 수 있다는 것을 일찍부터 알고 있었다. 그리고 그것이 소로스와 짐 로저스가 결별한 이유이기도 하다. 소로스는 팀을 늘리려 했고 로저스는 반대했다"고 설명했다.[29]

소로스는 로저스와의 결별 이후 심각한 침체기를 겪었다. 스스로 일선에서 물러나 자신의 역할을 다른 펀드 매니저에게 맡겼고 소로스펀드는 '펀드에 투자하는 펀드'가 됐기 때문이다. 소로스 자신이 제일 잘하던 투자를 다른 사람에게 위임했으니 소로스펀드가 헤맬 수밖에 없었다.[30] 1981년 23퍼센트의 투자손실을 기록했고 1987년 10월의 뉴욕주식시장 대폭락 과정에서 8억 4,000만 달러의 손실을 입었다. 이는 당시 펀드 전체 자산의 28퍼센트에 달하는 금액이었다.

소로스는 마침내 적절한 후계자들을 찾아낸 뒤 투자의 일선 에서 한 걸음 물러섰다. 1989년이었다. 퀀텀펀드는 드루켄밀러 (Stanley Druckenmiller), 쿼터펀드는 로디티(Nick Roditi)가 각각 후임 자로 전권을 가지고 투자를 결정했다. 드루켄밀러는 1992년 영 국 파운드화 하락 시기에 소로스의 전폭적인 지원을 받으며 10억 달러 이상의 이익을 만들어 낸 장본인이다. 로디티는 1995년 20퍼센트의 운용수수료를 제외하고도 159퍼센트의 투자수익률을 올리는 기록을 세우기도 했다. 그러나 드루켄밀 러와 로디티 모두 나중에 소로스와 결별했다.

두 사람 가운데 드루켄밀러는 소로스가 자신과 가장 닮은 인물이라고 평할 정도로 가까운 관계였다. 드루켄밀러는 소로 스의 경쟁력으로 공사의 구분, 똑똑함, 외부 충격 속에서도 유 지하는 냉철함, 비판적이고 분석적인 사고를 들었다. 그러나 그중에서 최대의 장점이 바로 '방아쇠를 당기는 능력'이라고 지적했다. 결단력이었다. 그의 말을 그대로 옮겨 보자.

"방아쇠를 당기는 일은 분석이나 예측에 관한 것이 아닙 니다. 그것은 용기에 관한 것이에요. 설명하기 힘들지만 굳 이 설명하자면 적정한 순간이 오면 기꺼이 모든 것을 내걸 수 있는 배짱 같은 거죠. 그건 누가 가르쳐 준다고 해서 배

울 수 있는 것이 아닌 완전히 직관적인 영역이죠. 즉, 과학
적 능력이라기보다는 예술적 재능 같다고 할까요."31)

소로스 파워, 수익률보다는 영향력에서 나온다

소로스가 손에 쥔 영향력의 원천은 타의 추종을 불허하는
네트워크와 정보분석력, 그리고 자금동원력이다. 여기에서 높
은 수익률이 나온다. 얼핏 보면 소로스의 국제적인 영향력은
최고의 수익률이라는 신화에서 나오는 것 같기도 하다. 물론
그럴 때도 있지만 실질적으로 각국의 정책 결정자들을 움직이
고 있는 힘에서 나온다는 것이 더 정확하다. 소로스가 의도적
으로 움직이는 부분도 있겠지만 정책 결정자들이 소로스에 반
응하는 것이 더 많기도 하다.

특히 소로스의 이미지는 고위험 시장에서 고수익을 올린
뒤 나오는 이른바 '치고 빠지는' 헤지펀드의 전형적 수법을
사용하는 것으로 알려지고 있다. 그러나 소로스는 1990년대
이후 일선에서 한 걸음 물러난 뒤에는 국제금융의 문제를 해
결하는 쪽으로 영향력을 행사해 온 것으로 분석되고 있다.

1992년 영국 파운드화 위기는 소로스의 금융투기를 비난하
는 대표적 사례로 거론되고 있다. 그러나 오히려 영국의 경제
를 안정시켰다는 것이 전문가들의 평가다. 특히 미국의 저명
한 경제학자인 폴 크루그먼이 바로 그 당사자이다. 그는 당시
에 제기된 문제에 대해 답하면서 소로스의 역할을 분명하게

정리하고 있다.

우선 "실제로 소로스가 무엇을 한 것인가? 그대로 두었다면 가치를 유지했을 통화를 소로스가 무너뜨린 것일까?" 하고 스스로 질문했다. 이에 대해 크루그먼은 "소로스가 아니었더라도 영국이 대륙의 통화클럽에 가입하고자 하는 시도는 실패로 끝났을 것"이라고 지적했다.[32] 소로스가 영국 파운드화의 문제에 원인이 된 것이 아니라는 지적이다. 다만 소로스는 그 일정을 앞당기게 했을 것이란 점에 크루그먼은 동의했다. 그것도 기껏해야 몇 주 정도 앞당겼다는 것이다.

크루그먼의 분석 중 가장 흥미로운 부분은 바로 "소로스가 누구에게 해를 끼쳤을까?" 하는 질문이었다. 그의 대답은 이렇다.

> 존 메이저 수상의 영국정부는 소로스에 의해 입은 모욕으로부터 결국 헤어나지 못했다. 그러나 소로스가 영국 전체에는 좋은 일을 했다는 주장도 가능하다. 파운드화는 이전 가치보다 15퍼센트 정도 낮은 곳에서 자연스럽게 안정되었다.[33]

영국경제가 회복한 결정적 계기가 됐다는 것이다.

1998년의 러시아 경제위기도 그런 점에서 소로스의 역할을 다시 주목해야 한다. 1998년 8월 러시아의 지불유예 사태로 소로스 펀드는 무려 20억 달러의 손실을 입었지만 역설적으로 이 사건은 소로스의 실제 힘이 어디에서 나오는지 단적으로 보여 준다. 국제금융계가 정작 주목했던 소로스의 힘은 투자 수익률이 아니라 정치적 영향력이라는 사실을 다시금 깨닫게 해 준다.

당시 러시아 사태의 흐름을 간결하게 요약한 에드워드 챈슬러의 글을 인용해 보자.

무역과 재정의 쌍둥이 적자를 견디지 못한 러시아가 1998년 8월 단행한 루블화 평가절하는 헤지펀드 매니저들을 궁지로 몰아넣었다. 그들은 서방국가들이 러시아라는 '대마'가 망하는 것을 가만 보고 있지 않을 것이라고 믿고 러시아 채권에 엄청난 돈을 투자해 놓고 있었다.

하지만 러시아 채권이 휴지 조각으로 변하자, 채권자들은 헤지펀드 매니저에게 꿔준 마진론을 회수하기 시작했다. 궁지에 몰린 헤지펀드 매니저들은 앞다퉈 각국 증시에서 사들였던 자산을 처분하기 시작했고, 이에 따라 러시아 채권의 디폴트 여파가 전 세계로 파급됐다. 각국 증시들이 헤지펀드의 물량공세로 급격하게 추락하기 시작한 것이다.

그리고 한때 러시아라는 '대마'가 망하지 않을 것이라고 믿었던 투자자들은 상대적으로 안전한 미국과 독일의 채권에 자금을 피난시키기 시작했다. 1998년 8월 러시아 디폴트 사태로 대부분의 헤지펀드 매니저들은 심각한 손실을 보았다. 특히 고위험 고수익을 자랑하던 허브펀드(hub fund)는 청산됐다.[34]

소로스가 이 과정에서 실제로 한 일은 자산관리가 아니라 러시아의 경제 붕괴 상황을 막기 위한 혼신의 노력이었다. 그 내용은 소로스의 저서 『세계 자본주의의 위기』[35]에 고스란히 담겨 있다.

러시아의 경제위기는 1998년 8월 7일부터 급박하게 돌아가기 시작해 8월 23일 대실패로 상황이 종료됐다. 이 책은 이 2주간의 상황 속에서 소로스가 당시 러시아의 금융 책임자였던 개혁파의 상징 추바이스(Anatoli Chubais)와 가이다르(Yegor Gaidar), 그리고 미국 재무부 장관 루빈(Robert Rubin), 차관 립턴(David Lipton)과 얼마나 사태를 긴밀히 협의했는지 자세히 밝혔다.

소로스는 러시아 시장을 안정시키기 위해 관계 당국자들을 설득했지만 결국 뜻을 이루지 못했다. 최고 당국자들이 소로스의 방안에 난색을 표하자 결국 소로스는 최후의 방편으로 8월 13일 영국의 경제지 「파이낸셜 타임스(The Financial Times)」에 기고문을 실었다.

소로스의 기고 목적은 러시아 경제 붕괴를 막기 위한 자신의 복안을 일반시민들에게 알리려는 마지막 처방이었다. 그를 통해 투자자들을 움직이려는 의도도 물론 있었다. 기고문의 골자는 루블화를 15~25퍼센트 평가절하하는 한편 서방 선진 7개국이 주도해 500억 달러 규모의 자금을 만들어 통화위원회를 구성해야 한다는 것이다.

그런데 이 기고문은 전혀 의외의 효과를 가져왔다. 역설적이지만 평소 소로스가 주장해 온 '재귀이론'이 먹혀들었다. 투자가들이나 일반인들은 소로스가 제시한 해결책에 반응하기보다는 "러시아 금융시장의 붕괴가 마지막 단계에 접어들었다"는 소로스의 지적에만 더 주목했다. 모스크바주식시장은 기고문이 보도된 지 한 시간 만에 12퍼센트의 대폭락을 기록했고 전 세계 금융시장도 덩달아 패닉상태에 빠져들었다.

당시 많은 사람들은 소로스가 이미 러시아에서 모든 것을 다 팔아 치우고 빠져나온 줄 알았다. 소로스는 개인 투자자로서 러시아에 가장 많은 돈을 투자한 사람이며 러시아 사태가 복잡하게 돌아갈 때 150억 달러의 펀드를 조성해 투자할 계획까지 가지고 있었기 때문이다. 소로스의 강공에도 불구하고 머뭇거리던 러시아 정부는 결국 8월 17일 루블화를 무려 39퍼센트나 평가절하하고 90일간 대외 채무상환을 일시 유예하는 모라토리엄을 발표했다.

그는 러시아 시장에서 엄청난 손실을 입었지만 이 사태는 소로스가 단순한 금융투기 이상의 영향력을 행사하고 있으며 또 행사하려는 의도를 가지고 있음을 보여 주었다. 소로스는 이 경험을 통해 자신의 영향력이 매우 크기는 하지만 실질적으로 각국의 권력자를 움직이는 데는 매우 한계가 있음을 알았다. 단순한 투자금융가가 아니라 자신의 철학이 현실화될 수 있는 실질적 권력이 중요함을 다시 깨달을 수 있는 사건이 된 것이다.

이후 미국에서 공화당의 조지 부시가 대통령에 당선이 되자 그는 국내정치에서 전례 없이 막대한 정치헌금을 쏟아붓는 한편 강력한 정치 발언을 통해 국내의 정치 영향력을 확대해 나간 것도 이 사건의 여파라면 여파였다.

글로벌 자선사업 : 개별국가의 '열린사회'에서 '세계적 열린사회'로

소로스는 1989년 펀드 운용의 일선에서 공식적으로 물러났다. 물론 펀드의 지주회사인 '소로스펀드 매니지먼트'의 회장이어서 펀드 운용 자문을 하기도 했지만 '소로스 재단'을 통한 자선사업에 더욱 정성을 쏟았다.[36) 소로스의 동유럽 지원은 이미 그 이전에 시작됐고 공산주의 체제가 자본주의 체제로 전환하는 과정에서도 일정한 역할을 했다고 할 수 있다.

1989년 동유럽을 시작으로 소련 공산주의까지 무너졌고 세계는 급속히 하나의 시장으로 통합돼 가자 소로스의 자선사업 방향도 변하기 시작했다. 폐쇄된 개별 국가를 개방 체제로 바꾸는 데 주력했던 사업은 이후 건전한 국제금융시장을 만들고 또 세계화의 부정적 측면을 최소화하는 사업으로 무게중심을 옮겼던 것이다. 당초 '열린사회'라는 개념에서 시작됐지만 세계화에 발맞추어 '국제적 열린사회'라는 개념으로 자선사업의 목표가 확장됐다.

자선사업, 공산주의 체제와의 경쟁에서 시작

영국의 시사평론가 닐 클라크(Neil Clark)는 좌파 성향의 정치 주간지 「뉴스테이츠맨(The New Statesman)」 2003년 6월 2일자에 이런 글을 썼다.

좌파 측 입장에서 많이 공유되고 있는 통상적인 견해는 동유럽 사회주의가 체제의 근본적인 취약점, 공산주의 정치 엘리트들의 민중 지지 획득 실패에 따라 몰락했다는 견해에 동조하고 있으나 이는 부분적인 사실에 불과하다. 조지 소로스는 사회주의 체제 붕괴에 결정적 역할을 했다.[37]

역사적 사건에 대한 개인의 역할을 놓고 여전히 논쟁이 계속되고 있긴 하지만 소로스가 이 과정에서 일정한 역할을 한 것은 분명하다. 특히 자선사업 초기 소로스의 반공산주의 운동에 대한 지원은 대담하고 또 노골적이었다. 폴란드의 경우, 1979년부터 자유노조에 대해 매년 300만 달러를 비밀리에 제공했다. 레흐 바웬사(Lech Walesa, 1943~)를 지도자로 하는 자유노조는 동유럽 반공산 운동의 표상이 됐다. 바웬사는 1983년에 노벨평화상을 받았으며 폴란드 대통령을 역임했다.

소로스는 구 체코슬로바키아에서는 반체제 세력인 '77헌장'의 주요 인물들에게도 직접적인 도움을 주었다. 1977년 1월 6일 구 체코슬로바키아의 극작가 바츨라프 하벨(Vaclav Havel, 1936~)을 비롯한 반체제 인사 240명이 '헬싱키 협정'의 인권조항 준수를 체코 공산 정권에 요구했던 성명서가 바로 '77헌장'이다. 이 성명서는 다음날 독일의 「프랑크푸르트 알게마이네 자이퉁(Frankfurter Allgemeine Zeitung)」, 영국의 「더 타임스(The Times)」, 프랑스의 「르몽드(Le Monde)」 등에 게재되면서 세계적 관심을 불러 모았다.38) 하벨은 체코의 공산주의 체제 전환과정에서 결정적 역할을 했으며 1993년부터 10년간 체코 대통령을 역임했다.

소로스가 처음 자선사업에 관심을 가진 것은 1960년대 후반부터 사업가의 자격으로 자신이 태어난 헝가리의 부다페스트를 방문하면서부터였다. 부다페스트 시내의 마가렛 섬 등 공산 치하의 공원이 뉴욕의 '센트럴파크'보다 더 관리가 잘 되고 있는 데 충격을 받았던 것이다.

소로스는 화가 났다. 자신이 버리고 떠났던 사회, 그것도 공산당 일당독재가 횡행하는 사회가 자신이 살고 있는 뉴욕의 센트럴파크보다 더 잘 관리되고 있다는 사실에 충격을 받았다. 그는 뉴욕 시청을 방문했고 곧 자금을 출연해 '센트럴파크 커뮤니티 펀드 위원회' 설립에 결정적 역할을 했다. 이 위원회는 센트럴파크 관리가 최우선 목적이었다. 소로스의 자선사업은 이렇게 시작됐다.

자선 사업에 소극적이었던 소로스가 극적인 변화를 맞은 국제적 사건은 1975년 8월 1일 '헬싱키 협정(Helsinki Agreement) 체결'이었다. 헬싱키 협정의 내용은 제2차 세계대전 후에 형성된 유럽의 국경선 상호 인정, 협정 조인 35개국의 인권 및 자유 존중 그리고 경제적·과학적·인류공동체적 영역 등에서의 상호 협력 등으로 구성돼 있다. 협정은 알바니아를 제외한 모든 유럽 국가와 미국, 캐나다가 서명했다. 특히 공산 블록은 동독을 비롯해 새로 그어진 공산 국가의 국경선을 서방 국가들이 인정한다는 점에 이끌려 서명을 했다.

그러나 이 협정은 공산 블록이 전혀 생각지도 않았던 문제에 맞닥뜨리게 만들었다. 단순히 상징적 구절로 생각했던 인권 조항을 두고 서방에서 뿐만 아니라 동유럽 내에서도 공산 치하의 인권 침해를 공론화했다. 협정에 서명했으니 공산당도 인권을 존중하라는 강력한 요구였다.

폴란드에서는 1975년 시작된 경기침체가 노동자들에게 심각한 타격을 주었고 이듬해 6월 라돔과 우르수스에서 노동자 시위가 발생하는 등 동유럽 사태가 헬싱키 협정과 연결돼 매우 불안해지기 시작했다.

공산주의 체제를 피하기 위해 영국으로 도피했던 소로스였기에 자연스레 동유럽 사태 변화에 촉각을 곤두세웠다. 당시 소로스가 활동하던 뉴욕에서는 '헬싱키 협정' 이행 여부를 감시하는 민간단체 '헬싱키 감시단(Helsinki Watch)'이 설립돼 활동하고 있었다. 소로스는 수시로 이 단체와 접촉했는데 특히 이 기구 설립자이자 사무총장인 아리에 나이어(Aryeh Neier)와 자주 만났다.[39] 소로스는 이때부터 나이어의 주재로 전 세계 인권 문제를 논의하는 '수요회의'에 정식으로 참여했다. 당시 헬싱키감시단은 포드(Ford)사로부터 40만 달러의 지원을 받아, 헬싱키 협약에 따라 인권보호에 대한 관심을 불러일으키고 있었다. 소로스는 헬싱키 감시단을 시작으로 1977년 노벨평화상을 받은 '엠네스티 인터내셔널(Amnesty International)'에도 기부하기 시작했다.

이 시기에 소로스는 소련과 동유럽의 반체제 인사들에게도 직접 도움을 주기 시작했다. 1977년 미국 사업가 대표단의 일원으로 소련을 처음 방문했을 때 소련 당국의 감시가 소홀한 틈을 타 모스크바에서 뉴욕의 엠네스티 인터내셔널을 통해 연락처를 얻은 블라디미르 퍼만을 만났다. 당시 퍼만은 소련 당국으로부터 출국금지 상태였는데 소로스는 그 이후에도 몇 년에 걸쳐 항공사 스튜어디스를 통해 퍼만의 조직에 약 10만 달러의 현금을 보냈을 정도였다.[40]

이런 경험을 토대로 소로스는 체코의 '77헌장' 서명자들을 직접 지원할 방안을 모색한다. 소로스는 당시 스웨덴의 스톡홀름에 거주하며 '77헌장'을 지원할 목적으로 '77헌장 재단(Charter 77 Foundations)'을 설립한 프란티섹 야누치(Frantisek Janouch, 1931~) 교수와 접촉했다. 야누치 교수는 저명한 핵물리학자로 1968년 '프라하의 봄'이라 불렸던 개혁 운동에 적극 참여한 뒤 5년 동안 구금을 당한 끝에 추방당해 스웨덴에 망명 중이었다.[41] 소로스는 야누치를 통해서 알게 된 하벨 등 구 체코슬로바키아 반체제 지식인들의 가장 중요한 재정 후원자가 됐다.

소로스는 헬싱키 협정 이후 일어났던 일련의 사건들을 통해 자신의 철학적 분석 능력을 시험해 보는 기회로 삼기도 했다. 국경을 초월한 인권 개념이 실현돼 결국 이들 국가가 자유와 민주주의로 나아갈 수 있는 기폭제의 역할을 할 수 있을지에 대한 진지한 고민을 거듭했다. 그 결론이 재단 설립이었다.

열린사회기금 창설

소로스는 1979년 비영리기구[42]의 형태로 뉴욕에 '열린사회기금(Open Society Fund Inc.)'을 창설했다. OSF는 '열린사회'의 개념을 "법치가 이뤄지며, 민주적으로 선출되는 정부가 존재하고, 다양하고 활기찬 시민사회가 있어야 하며, 소수자와 그들의 견해가 존중받아야 하며, 마지막으로 자유시장경제가 존재하는 곳"[43]이라고 규정했다. 공산주의라는 '닫힌사회'를 '열린사회'로 인도하겠다는 분명한 목적이었다.

그러나 초기 자선사업은 매우 혼란스러웠다. 소로스 스스로 "시행착오의 연속이었습니다. 1979년부터 1984년까지는 고통스러운 실험 기간이었다고 할 수 있습니다. 내가 도대체 무슨 짓을 하고 있는지도 몰랐고 본의 아니게 잘못된 길을 가기도 했죠. 때로는 뭘 해야 할지 몰라 당황하기도 하고 고역을 치르

기도 했습니다"라고 밝혔다.[44]

그러나 소로스는 이 시기에 헬싱키 감시단을 비롯한 인권단체에 정식 회원으로 가입했다. 또 소극적이긴 하지만 '열린 사회기금'을 통해 공산 유럽에서 미국으로 망명해 온 지식인들을 지원하기 시작했다.[45] 특히 소로스가 인권단체에 관심을 가진 데는 스베틀라나 코스틱 스톤이라는 여성이 결정적 기여를 했다. 그녀는 유고슬라비아 출신으로 수년간 동유럽과 러시아 인권문제를 연구해 온 '뉴욕과학학회'에 깊이 관여하고 있었다.

소로스는 스톤을 통해 미국 중서부 백화점을 24개나 소유하고 있으면서 1960년대 이후 소련 반체제 인사들을 비밀리에 후원하고 있던 '에드 클라인'을 만나 깊은 영향을 받았다. 클라인은 체크호프 출판사를 세워 소련에서 추방당한 작가들의 작품을 출판하기도 하며 특히 고리키 시에 유배돼 있던 반체제 핵물리학자 안드레이 사하로프의 중요한 서부 연락망 역할을 하기도 했다. 소로스는 클라인의 전례를 따라 미국에 체류하고 있던 반공산 체제 인사들을 소로스펀드를 통해 지원한 것이다.

소로스는 재단의 사업을 체계화하기 위해 뉴욕에 '열린사회연구소(Open Society Foundation)'를 세웠다. 소로스 자선사업의 두뇌 역할을 하는 곳이다. 그리고 회장으로 나이에를 초빙했다. 소로스 재단은 OSF를 중심으로 각국에 연구소나 기금, 재단 등 다양한 형태의 네트워크로 운용된다.[46]

소로스는 스스로 자선사업에 나선 계기를 이렇게 밝히고 있다. 소로스는 그동안 칼 포퍼의 이론에 깊은 감명을 받아 재단을 설립했다고 설명하고 있지만 다른 측면에서 살펴 볼 필요가 있다. 즉, 포퍼의 철학적 개념을 현실에서 실천하려는 목적으로 '열린사회재단'을 만들었다기보다는 동유럽 지원을 위한 재단을 세우면서 과거 자신에게 깊은 감명을 준 포퍼의 '열린사회'를 끌어들인 것이 훨씬 더 정확해 보인다.

열린사회재단의 지역 모델: 헝가리 소로스 재단

연구소가 자리를 잡아 가자 소로스는 동유럽 국가 '심장부'에 열린사회를 구현하는 재단을 세우는 방안을 모색했다. 소로스는 뉴욕에서 자신이 지원하던 반공산 체제 인사들을 다양하게 접촉한 뒤 결국 헝가리의 부다페스트를 교두보로 결정했다. 자신의 출신지인 헝가리에 대한 애정보다는 자신이 헝가리어에 능숙한 데다 당시 헝가리의 카다르(Janos Kadar, 1912~1989) 정권이 다른 국가들보다 훨씬 더 개방적이었기 때문이다. 소로스는 1983년 가을 헝가리로 직접 날아가 변호사이며 개혁 지지자였던 도른바흐(Alajos Dornbach)[47]를 만나 재단 설립을 맡아줄 것을 부탁했다. 소로스는 전격적으로 100만 달러를 제공할 것이며 나중에 300만 달러까지 더 지원하겠다는 입장을 밝혔다. 당시 공산경제에서 100만 달러의 가치는 엄청난 것이었다.

도른바흐는 1983년 11월부터 1984년 봄까지 헝가리 공산

정부와 협상을 계속했다. 중재 끝에 조지 소로스와 공산당 소속인 칼만 쿨차르(Kalman Kulcar)가 공동 이사장에 취임하는 동시에 두 사람 모두 이사회 결정에 대한 거부권을 가지는 것으로 결론이 났다. 헝가리 재단은 '헝가리 과학원·조지 소로스 재단(Hungarian Academy of Sciences·George Soros Foundation)'이란 이중의 이름으로 역사적 출범을 했다. 헝가리 재단의 출범과 그 활동상은 소로스 재단이 전 세계로 확산되는 데 있어 가장 중요한 모델이 됐다. 1984년 5월 28일 소로스는 헝가리 정부와 재단 창설에 관한 공식 계약서를 체결했다.

헝가리 소로스 재단의 첫 번째 프로젝트로 헝가리 주요 도서관에 미국과 영국에서 출간된 수많은 도서를 기부하기 시작했다. 이 책들은 대부분 금서였거나 헝가리에서 구할 수 없던 책들이었다. 이 책들은 헝가리 지식인 계층을 자극하는 활력소가 됐으며 소로스의 열린사회 프로젝트의 출발로서는 꽤 성공적이었다.

두 번째 프로젝트는 복사기를 대량 공급하는 것이었다. 애프터서비스가 보장되는 복사기 200대를 구입해 선정된 기관에 나눠 주었으며, 누구나 자유롭게 복사기를 사용할 수 있도록 했다. 이는 모든 문서에 대한 복사금지를 관행으로 해 왔던 전체주의적 전통을 '열린사회'로 바꾸는 작은 시작이었다.

제한적이기는 하지만 학술지원을 하면서도 경쟁 체제를 도입했다. 과거 헝가리에서는 학술연구 프로젝트의 지원금과 여행경비는 대부분 공산당에 의한 정치적 결정으로 이루어졌다.

그러나 소로스 재단은 미국식 성과주의를 공개경쟁의 원칙으로 내세웠다. 학술지에 광고가 실리고 대학 기숙사에 전단지가 뿌려졌으며 국내 연구 프로젝트뿐만 아니라 해외유학 비용까지 지원해 주었다. 또한 학자들에 대한 대대적인 지원도 이루어지기 시작했다.

소로스의 자선활동을 록펠러와 비교하며 면밀히 검토했던 올가 라친은 록펠러가 미국식 시민사회(Civil Society)의 형성에 주력한 반면 소로스는 열린사회를 이끌어갈 지도자(Civic Society) 양성에 주력했다고 밝혔다. 록펠러 가문은 미국에 이미 존재하는 시민사회의 모델을 영국의 식민지나 라틴아메리카의 낙후된 지역에 확산시키는 데에 목표를 두었다는 것이다.

이에 반해 소로스는 유럽의 공산 체제에서는 미국이 기초하고 있는 시민사회가 파괴됐거나 극히 약화돼 있다는 사실을 주목, 광범위한 시민사회의 복원보다는 지식인이나 개혁주의자, 개혁 공산주의자들을 포괄하는 민주적 지도자 양성에 주력하는 전략을 채택했다. 이는 공산 체제 수립 이후 이 지역 내 시민사회가 해체됐고 결국 재야 민주세력이라는 엘리트 지식인들이 '시민사회의 대리자'가 될 수밖에 없었기 때문이다.

헝가리에서 지식인·교수·학생에 대한 지원을 통해 소로스 재단의 역할은 강력해졌다. 특히 공산정권 아래에서 금기시됐던 주제들이 학술주제로 빈번하게 논의됐다. 소로스 재단에서 해외유학 비용을 지원해 준 수천 명의 학생들 중에는 후일 헝가리의 지도계층이 상당수 나왔다.[48] 헝가리 재단의 성공 모델은 곧 다른 국가에서 활용되기 시작했다.

'열린사회'를 전 세계로 확산하다

소로스는 헝가리에서의 성공을 계기로 '열린사회' 개념을 전 세계로 확산시키는 글로벌 작업을 서둘렀다. 헝가리에 이어 1986년 설치된 소로스 재단 중국 지부는 중국 정부와 알력을 거듭하다 결국 1993년 폐쇄됐다. 중국에 이어 1987년 러시아, 1988년 폴란드, 1990년에 불가리아와 에스토니아에 재단이 설립됐다. 1994년에는 유럽의 집시들을 위한 재단을 설립하기도 했다. 1984~1994년까지 모두 26개의 재단이 설립됐으며 1994년 한 해에 소로스가 집행한 각 국가별 지원금은 모두 1억 6,450만 달러에 이른다.

1988년에 공산권 국가에선 처음으로 자본주의 경영자를 키워 내기 위한 프로젝트가 진행돼 부다페스트에 미국식 MBA 과정인 '국제경영센터(International Management Center)'가 설치됐다. IMC는 유럽 공산권 국가에 최초로 설립된 미국식 MBA과정으로 개혁·개방에 관심이 많은 경영자를 그 교육 대상으로 했다. IMC는 공산국가 헝가리에 자본주의 사고방식과 경영을 확산시키는 성과를 거두었으며 특히 후일 헝가리 경제가 이행기에 접어들었을 때 이곳 출신들이 상당한 영향력을 발휘할 수 있었다.

IMC의 성공에 자극받은 소로스 재단은 1991년 전형적인 미국식 교육을 하는 대학인 중유럽대학교(Central European University) 를 프라하와 부다페스트에 각각 설립했다. 그러나 프라하 캠퍼스는 체코 정부와의 갈등으로 나중에 부다페스트로 옮겨졌다. 2002년 IMC는 CEU에 소속돼 현재 CEU 경영대학원으로 개명됐다. CEU는 약 100여 명의 교수진이 전 세계 76개국에서 온 960여 명의 학생들을 가르치고 있으며 공식 언어는 영어이다. 소로스는 IMC 설립에 2,000만 유로, CEU에 모두 4억 2,000만 유로를 기부했다.

1994년의 경우 국가별 지원, 소로스 재단 및 열린사회연구소의 각종 프로젝트, 중유럽대학교, 각 지역의 소로스 재단 및 연구소 운영비 등을 모두 포함하면 모두 3억 달러에 달하고 있다. 소로스 재단은 전 세계 31개국에 독자적 기능을 가진 소로스 재단이 뉴욕 및 런던의 열린사회연구소를 중심으로 전 세계 네트워크를 구성하고 있다.

소로스의 자선사업에 대한 논란도 물론 끊이지 않는다. 우선 이데올로기적으로 소로스가 추구하는 것이 칼 포퍼의 '열린사회'라기보다는 '미국 제국주의의 세계화'란 지적도 만만치 않다. 특히 소로스 재단은 사안에 따라 미국 정부기관 특히 미국 중앙정보국과 긴밀한 협력 관계를 구축하고 있다는 점도 거론됐다. 예컨대 소로스 재단은 미국 중앙정보국이 창설하고 운영 중인 '라디오프리유럽/자유라디오(Radio Free Europe/Radio Liberty)'에 공동 경영자로 참여하고 있다. 이런 이유로 소로스 재단 중국 사무소는 '미국의 첩자'란 시각을 가진 중국 정부에 의해 폐쇄됐고 강제 추방되기도 했다.

소로스 재단은 또 구 유고슬라비아 연방이 붕괴된 이후 '국제위기그룹(International Crisis Group, ICG)'을 창설했는데 이 기구는 공개적으로 미국평화연구소(U. S. Institute of Peace)와 협력하고 있다. 미국평화연구소는 CIA의 산하 기관으로 알려진 곳이다.[49] 소로스와 소로스 재단은 미 정보기관에 대한 전면적인 협력이라기보다는 상호 호혜의 원칙에서 목적 달성을 위한 부분적 협력으로 간주된다.

더군다나 그의 자선행위가 궁극적으로는 자신의 경제적 이윤 창출과 관련된다는 지적도 계속 나왔다. 가장 대표적 사례가 발칸 반도 코소보에서의 '트레프카 복합광산 지역 경영권 문제'였다. 코소보 측에서는 5조 달러의 가치가 있다고 주장해온 경영권이었는데 소로스가 5,000만 달러에 손에 넣으면서 '충격요법' 혹은 '경제개혁'의 견인차가 되겠다는 식의 대의명분을 내세웠다고 한다. 물론 양측 주장이 달라 사실 확인은 힘들지만 적어도 소로스의 진정성을 의심하고 의혹의 눈길로 보는 입장에서는 충분히 문제가 될 소지가 있는 사례다.

폐쇄사회 개방에서 글로벌 자본주의 문제 해결로

소로스는 열린사회재단을 통해 공산주의 붕괴라는 정치적이고도 거시적 접근보다는 교육적 기능을 통해 '닫힌사회'인 공산 체제의 문제점을 제기했다. 반공산 체제 지식인, 학자,

학생들뿐만 아니라 공산당 내에서도 개혁 세력들에 대한 지원을 통해 공산주의의 폐쇄성이 가진 문제점을 스스로 깨닫게 하는 한편 자본주의 사회, '열린사회'의 우수성을 알리는 데 지대한 공헌을 했다.

이들 신진 엘리트들은 공산주의 체제의 자본주의 체제로 전환 시기에 중추적 역할을 했으며 결과적으로 유혈 폭력을 상대적으로 줄이는 결정적 역할을 하기도 했다. 이들은 또 포스트 공산시대를 이끌어갈 차세대 지도자가 돼 비교적 순조롭게 자본주의 체제 편입을 이끄는 견인차가 됐다.

공산주의나 독재 체제 아래에 신음하고 있는 폐쇄사회를 개방사회로 이끄는 사업에 주력하던 소로스 재단은 1990년대 들어 점차 그 성격을 전환하기 시작했다. 기존의 글로벌 사업은 유지하면서 국제 자본주의 문제를 근원적으로 해결하는 쪽으로 선회했다.

소로스는 "처음에 이 재단은 폐쇄사회의 개방에 초점을 맞추었다. 그러다 소련 붕괴 후에 폐쇄사회를 열린사회로 전환하는 데 주력했고 최근에는 글로벌 자본주의의 폐해를 해결하는 데 초점을 맞추고 있다"고 밝혔다.[50)]

막대한 자금을 투입한 소로스의 자선사업은 그의 이미지뿐만 아니라 그의 영향력을 실질적으로 확대하는 중요한 원천이다. 우선 방대한 전 세계 네트워크가 갖는 정보망을 들 수 있다. 소로스의 자선사업 핵심이 '닫힌사회'를 '열린사회'로 끌어내는 데 있는 만큼 각국에 산재한 연구소나 재단은 정보수

집이 가장 중요한 첫 번째 기본 업무이다.

따라서 소로스가 접하는 정보의 가치는 미국 정부가 확보하는 양이나 수준에 결코 미칠 수 없지만 민간기업인으로는 그 누구보다 양질의 정보를 가지고 있음은 분명하다. 특히 정보에 살고 죽는 냉혹한 국제금융시장에서 일생을 살아온 소로스 입장에서는 더더욱 그렇다.

소로스 재단의 네트워크가 가지는 또 하나의 의미는 세계 인재 풀의 역할이다. 과거 공산 치하의 동유럽에서 시작해 아시아, 아프리카, 중동 및 중남미뿐만 아니라 미국 및 유럽 지역에서 막대한 자금을 통해 지원했던 사람들은 소로스의 잠재적 자산이라고도 할 수 있다.

따라서 소로스는 인류 보편적 가치 즉, 인권과 평등, 더 나은 삶 등에 기여하는 자선사업을 통해 충분한 보너스를 받은 셈이다. 물론 소로스가 처음부터 이런 세속적 가치를 목적으로 삼았다고는 볼 수 없다. 그 보너스는 소로스의 새로운 세계 경영을 위한 원대한 계획의 일부일 뿐이다.

정치권력으로의 진화 : 부시 낙선 운동에서 오바마 대통령 만들기까지

　우리가 사용하는 말 중에 '권력'이란 말만큼 애매모호한 말
도 없다. 사용자마다 약간씩 다른 의미로 사용하는 탓이다. 그
래서 "권력이란 가장 중요한 개념이면서 가장 규정하기 어려
운 개념"[51]이라고까지 한다. 소로스의 힘이 정치권력화가 됐
다는 데는 대부분 동의하지만 그 내용에 대해서는 의견이 엇
갈리기 마련이다.

　예컨대 미국의 일부 강경보수파들은 민주당이 실제로는 소
로스의 손아귀에 잡혀 있다는 주장을 펴고 있다. 실질적 권력
행사자가 소로스라는 주장이다. 미국의 대표적 우파논객인 호
로비츠(David Horowitz)와 언론인 포(Richard Poe)가 2007년 4월에

펴낸 『그림자 당(The Shadow Party)』이란 책이 대표적이다.[52] 이 책의 부제로는 "조지 소로스, 힐러리 클린턴 그리고 1960년대 과격분자들이 민주당을 어떻게 장악했는가"라는 다소 섬뜩한 말이 붙어 있다.

본래 '그림자 당'이란 말은 집권에 대비해 준비하고 있는 '예비 내각'이란 뜻의 'shadow cabinet'에서 따온 말로 실제로 막후에서 당을 장악하고 있는 세력이란 뜻이다. 특히 저자들은 제1장의 제목을 "그림자 당의 레닌(The Shadow Party's Lenin)"이라고 지어 소로스를 레닌에 비유하고 있을 정도이다. 이들은 소로스가 바로 '그림자 당'의 핵심이며 창설자라고까지 말하고 있다.

심지어 이들은 소로스를 중심으로 한 '그림자 당' 세력이 미국을 분열시키고 있으며 이에 따라 미국이 외부의 테러리스트가 아니라 내부의 적들로부터 공격당하고 있다고까지 표현하고 있다. 물론 소로스는 단순히 수많은 민주당 정치자금 기부자 중의 한 사람에 불과하고 있다는 사실을 인용하면서도 그들의 입장을 굽히고 있지 않다.

이들은 또한 소로스가 권력의 전면에 등장한 것이 실은 꽤 오래전부터라는 암시도 하고 있다. 예컨대 소로스가 1995년 미국 PBS의 유명 토크 쇼인 '찰리 로즈(Charlie Rose) 쇼'에 출연해서 한 발언에 대해서도 이들은 가장 정치적 해석을 달았다. 이 자리에서 소로스가 한 말은 이렇다.

"나는 정책에 영향을 주는 것을 좋아한다. 조지 부시
(George H. W. Bush: 대통령 재임 1989~1992)에게는 그럴
수 없었다. 그러나 나는 나의 영향력을 성공적으로 발휘하
고 있다고 생각한다. 클린턴 행정부에서는 특별히 더 그렇
다. 여기에 대해서는 의문의 의지가 없다. 우리는 실제로 한
팀처럼 일한다."[53]

소로스가 클린턴 정부에서부터 노골적으로 정치권력에 개
입했다는 이야기로 들리기도 하지만 자신의 영향력을 과시하
려는 수사일 수도 있다. 따라서 여기에서는 소로스 파워의 '정
치권력화'를 소로스의 영향력이 국제금융시장을 넘어 정치권
력의 세계로 확대됐다는 추세를 가리키는 정도로 해석하자.
또한 그 정치권력화 시점도 2000년 아들 부시(George W. Bush:
대통령 재임 2001~2008)의 대통령 집권 이후 벌여 온 일련의 '반
(反)부시 캠페인'을 통해 구체화됐다는 입장으로 정리했다.

'열린사회의 공적' 부시 낙선 운동

소로스는 부시가 당선되고 이라크 침공을 강행하자 부시의
정책이 잘못됐을 뿐만 아니라 경제마저 위기로 몰아넣을 것으
로 예견하고 공공연히 비판해 왔다. 그 시점에 대해 미국 시사
주간지 「뉴스위크(The News Week)」는 소로스가 반부시 운동에
나선 결정적인 이유는 9·11테러 직후 부시가 상하 양원 합동

연설에서 "우리와 함께하지 않으면 모두 적"이라고 말한 후부터였다고 보도한 바 있다.[54]

'열린사회'의 주역임을 자임해 온 소로스로서는 부시의 이런 입장은 결코 받아들일 수 없었다. 소로스는 '열린사회'의 특성을 다음과 같이 설명했다.

> 열린사회는 개선을 향해 스스로를 열어 놓고 있다. 열린사회는 사람들이 다양한 견해와 이해를 가지며, 그 누구도 궁극적인 진리를 가지고 있지 않다는 인식에 토대를 두고 있다.
>
> 따라서 사람들은 자신들의 이익이 다른 사람들의 이익과 조화될 수 있다는 가정 하에 자신들이 적절하다고 판단하는 대로 자신들의 이익을 추구할 최대한의 자유를 부여받는다.[55]

소로스는 필생의 사업을 거액을 투자해 가며 열린사회를 만드는 데 혼신의 노력을 기울여 왔다고 할 수 있다. 그런데 소로스가 열린사회라고 믿어 의심치 않았던 미국의 부시 행정부가 그 반대방향으로 가고 있었다. 이때부터 소로스는 부시 대통령을 '열린사회의 적'으로 규정했고 "열린사회가 위협받고 있다"는 주장을 지속적으로 펴 왔다.

소로스는 거액의 정치자금을 원천으로 부시 낙선 운동에 전력했고 소로스의 모든 파워는 정치권력화가 됐다. 2003년 11월 「워싱턴 포스트(The Washington Post)」는 "2004년 선거를 앞두고 소로스가 부시의 재선을 막기 위해 엄청난 재력을 쏟아 부으며 소로스의 돈이 부시와 정면대결을 벌이기 시작했다"[56]고 보도했다. 시사주간지 「뉴스위크」의 2004년 10월 18일자 커버스토리의 제목은 "억만장자가 부시를 때려눕힐 수 있을까?(Can a Billionaire Beat Bush?)"였다. 소로스가 부시 낙선 운동을 통해 미국 정치의 지형을 바꾸려 하고 있으며 부시가 재선되더라도 그의 '지갑'으로 반부시 운동을 계속 펼칠 것이라고 보도했다.

소로스의 입장을 정리한 백서가 2004년 선거를 앞두고 긴급히 출간된 『미국 패권주의의 거품』이라는 책이었다. 그는 서두를 이렇게 시작했다.

우리는 부시에게 속았다. 2000년 선거에서 대통령 후보였던 부시는 '부시 독트린'이 아니라 '겸허한 외교정책'을 내세웠다. 만일 그가 2004년에 낙선한다면 그간 그의 정책은 일시적 탈선으로 치부되고 미국은 다시 세계에서 원래의 위상을 회복할 수 있을 것이다. 그러나 그가 만일 재선에 성공한다면 유권자인 미국 국민들은 그의 정책을 승인한 셈이고, 결국 그 결과를 안고 살 것이다.[57]

소로스는 자신이 정치적으로 행동한 입장에 대해서도 비교적 구체적으로 기술했다. 그는 "나는 원래 공화당과 민주당 양측에 대해 균형을 유지했던 편이었다"며 "과거에 나는 어느

당이 선거에서 승리하는가가 그다지 중요한 문제라고 생각하지 않았지만 지금은 그렇지 않다"고 밝혔다. 그 이유는 바로 부시가 '미국 패권주의의 거품'에 빠져 있기 때문이라는 지적이었다. 소로스에게는 금융시장의 거품이나 정치의 거품이나 모두 차이가 없는 셈이다.

> 나는 이러한 변화가 내 성격의 급작스러운 변화 때문이 아니라 미국이 세계에서 할 수 있는 역할이 질적으로 변했기 때문이라고 생각한다. 나는 오늘날 미국이 균형에 가까운 상태를 뒤로하고 균형과 완전히 동떨어진 영역으로 들어섰다고 생각한다.[58]

소로스는 또 '조작적 왜곡'이 성공을 거둔다고 하더라도 기대와 결과 사이에는 결코 의도하지 않았던 차이가 존재함을 자신의 이론적 토대로 설명하기도 했다.

결국 소로스에게는 부시의 낙선과 민주당의 승리만이 미국 정책이 가진 잘못된 거품을 빼고 제자리에 돌아올 수 있는 유일한 방법이었다. 그는 이를 위해 천문학적인 돈을 쏟아부었다.

소로스는 「뉴스위크」의 집계에 의하면 2004년 11월 2일의 대통령 선거일까지 쓴 돈이 2,500만 달러에 이른다고 했다. '민주주의를 돈으로 산다'는 일부 비판도 있었고 공화당에서는 아예 돈으로 미국의 좌파를 부활시키려는 책략이라는 주장까지 나왔다. 이에 대해 소로스는 "부시 당선이 더 나쁘다"고

반박할 정도였다.[59]

　소로스의 일차적 목표는 부시의 퇴출 즉, 재선 방지였다. 그러나 더 분명한 장기 목표가 있었다. 단기적으로는 '부시의 재선 방지'였지만 소로스는 진보 세력의 정치력을 되살리는 장기 전략에 투자를 하기 시작했다. 2003년 봄 진보 진영이 만든 싱크탱크 미국진보센터(Center for American Progress, CAP)[60]는 그 시작이었다. 빌 클린턴 대통령 시절 마지막 비서실장이었던 존 포데스타(John Podesta)가 소장을 맡고 출범시킨 조직이다.

　소로스는 CAP 설립과 함께 매년 100만 달러씩 모두 300만 달러의 기금 지원 입장을 발표했다. 소로스의 지원 없이는 출발도 불가능했다. 소로스가 움직이자 진보적인 미국 내 부자들도 CAP 지원에 나섰다. 설립 5년 만에 CAP가 상근직원 125명에 1년 예산 2,000만 달러에 이르는 진보 진영의 대표적 싱크탱크로 급성장한 것도 소로스의 지원 덕택이다.

　CAP는 결과론적으로 보면 2008년 선거에서 버락 오바마 후보의 두뇌 역할을 한 싱크탱크였다. 포데스타가 오바마 정부 취임을 위한 정권인수팀 팀장으로 활약하는 등 CAP 출신들이 오바마의 핵심 요직에 기용됐다. CAP의 정책제안서 「미국을 위한 변화」는 오바마 정부의 정책 청사진이기도 하다. 소로스의 지원을 받은 미국진보센터는 가위 오바마의 두뇌 역할을 하고 있다고 할 수 있다.

　이를 두고 미국의 경제전문 통신사 「블룸버그통신」은 2008년 11월 18일자 보도에서 "소로스가 자금을 댄 민주당 이념공장이 오바마 정책의 원천이 되다"라는 제목의 기사를 게재했다.61) 기사는 "이라크에서의 미군 철군, 아프가니스탄의 미군 증원, 전 국민 의료보험 등 대부분의 정책이 미국진보센터에서 나왔다"고 지적하고 있다.

미국의 보수파들은 소로스가 부시에 대해 '선전포고'를 하고 정치자금을 투입하자 "소로스가 실제로 민주당을 장악했다"며 그에 대한 당파적인 공격에 나서기도 했다. 이는 소로스가 단순한 정치자금 지원을 넘어 실질적인 막후 권력자가 되려는 데 대한 강력한 견제이기도 하다.

소로스는 이에 대해 자신의 철학을 내세워 보수파들을 공격했다. 2004년 출간한 『미국 패권주의의 거품』이나 부시 재선 이후의 문제점을 다룬 2006년의 『오류의 시대』 등은 부시의 일방적 독주를 막고 미국을 제자리로 돌리기 위해 쓴 책이다.

소로스, "클린턴이 아니라 오바마"

2004년 대통령 선거에서 존 케리 민주당 후보가 패해 부시의 재집권을 허용하자 소로스는 대안 마련에 나섰다. 단기 목표는 실패했지만 장기 목표로 급속히 움직였다. 민주당을 비롯한 진보 세력 출신 상하 양원 의원을 전국적으로 지원하는 한편 향후 대통령 선거를 이끌 후보를 찾는 데도 관심을 보이기 시작했다.

다시 권력을 장악한 공화당을 비롯한 우파 쪽의 소로스에 대한 견제는 더욱 심해졌다. 소로스는 이에 대해 대응을 하지 않았으나 2006년 9월 「뉴욕 포스트」의 보도에 의하면 소로스는 뉴욕에서 열린 '외교협회' 모임에서 "미래에 나는 정치로부터 떨어져 있고 싶다"며 "내가 관심을 가지고 있는 것은 정치가 아니라 정책"이라고 선을 그었다.

그러나 소로스는 이 시기에 이미 다른 도박을 시작하고 있었다. 민주 진영의 대안으로 오바마를 강력한 차기 대통령으로 밀어붙이는 일이었다. 당초 클린턴 대통령과 가까웠던 소로스는 이미 2004년 오바마를 만나면서 강력한 그의 후원자 겸 지지자로 변모했다.

소로스가 오바마를 만난 것은 2004년 3월경이었다고 한다.[62] 소로스는 2004년 6월 7일 자신의 뉴욕 대저택에서 오바마를 위한 정치기금 모금행사를 주최해 주었다. 당시 오바마는 일리노이 주 상원의원으로 일하다 처음으로 연방 상원의원에 출마한 상태였다. 부시 재선을 막기 위해 동분서주하던 시기에 이례적으로 오바마를 자신의 집으로 불러들여 모금행사까지 한 것은 소로스가 이미 오바마의 가능성을 충분히 예견했음을 말해 준다. 이 자리에서 소로스는 개인적으로 6만 달러의 정치헌금을 냈다고 한다.

소로스는 오바마가 상원 진출에 성공한 뒤에도 여전히 재정적으로 지원을 했다. 그러다 2006년 12월 4일 오바마는 뉴욕 맨해튼의 소로스 사무실을 방문했다. 오바마와 소로스는 약 1시간가량 환담했다고 한다. 면담 이후 소로스는 오바마에게 당시 스위스의 UBS은행 미국법인 대표 로버트 울프(Robert Wolf), 그리고 헤지펀드 매니저인 오린 크레이머(Orin Kramer) 등을 소개해 주기도 했다. 울프는 미국 재계에서 정치헌금을 모으는 데 일가견을 가진 마당발로 통하는 인물이다. 일주일 후 울프는 워싱턴에서 오바마를 만찬에 초대했다고 한다.63) 물론 이 자리에서는 향후 대통령 선거 등 깊은 얘기가 오갔다.

이 사실은 존 헤일먼 기자가 「뉴욕」 2007년 4월 16일자에 쓴 특집기사64)에서도 확인되고 있다. 이 기사에 의하면 오바마는 소로스와 단독으로 만나 대통령 출마 계획에 대해 설명했으며 면담 이후 울프의 안내로 민주당의 정치헌금자들을 만났다고 훨씬 더 구체적 정황을 기술하고 있다.

이 자리에는 전통적으로 민주당을 지지하며 정치헌금을 해온 재계의 유력인사들이 참석했다. 이란 출신의 투자은행가인 네마지(Hassan Nemazee), 월스트리트의 실력자 에프런(Blair Effron), 올린 크레이머 등으로 이들 모두는 원래 클린턴 가문과 깊은 관련을 가진 사람들이었다. 당시 「뉴욕타임스」는 오바마가 뉴욕의 두 거물 정치헌금자를 잡았다고 보도했다. 그들은 바로 소로스와 울프였다.

2007년 4월 9일 뉴욕에서 다시 오바마 정치자금을 위한 디너파티가 열렸는데 장소는 뉴욕을 대표하는 상징적 인물 스티븐 글룩스턴(Steven Gluckstern)의 자택이었다. 글룩스턴은 뉴욕을 근거지로 하던 프로아이스하키 팀 '뉴욕 아일랜더즈(New York Islanders)'를 한때 소유했던 뉴요커이다.

이 모금행사의 막후도 바로 소로스였다. 소로스는 2004년 대선에서 부시가 재집권한 이듬해 민주당 지지 성향의 상류층 부자 80명을 모아 '민주주의 동맹(Democracy Alliance)'을 설립했다. 민주당 계열이나 진보단체 및 진보적 싱크탱크를 조직적으로 지원하는 것이 이 단체의 목적이었다. 당시의 「워싱턴 포스트(The Washington Post)」 보도[65]에 따르면 모금 목표는 모두 2억 달러에 달했으며 그 회장에 바로 글룩스턴이 추대됐다.

게다가 뉴욕은 힐러리 클린턴의 안방인데 그곳의 상징적 인물인 글룩스턴 자택에서 오바마 지지 모임 및 정치헌금 집회가 열렸다는 사실은 '민주주의 동맹'이 사실상 오바마 지지로 돌아섰음을 의미했다. 미국 재계가 소로스의 행보를 주시하며 관망하다 점차 오바마 쪽으로 발길을 돌리기 시작한 계기였다. 클린턴 가문에게는 뼈아픈 타격이었던 셈이다.

소로스는 2007년 5월 18일 다시 오바마를 코네티컷 주의 그린위치에 있던 헤지펀드의 거물 폴 튜더 존즈(Paul Tudor Jones) 회장 집으로 초대했다. 이 자리에는 모두 300여 명의 참석자가 모였다. 당시 보도에 의하면 참석자들은 개인별로 2,300달러씩을 정치헌금으로 냈다고 한다.

오바마가 대선후보로 나서자 소로스는 공식적으로 2007년 11월 12일 그에 대한 지지를 선언했다.[66] 오바마를 대통령에 당선시킨 숨은 은인의 한 사람이 바로 소로스의 정치헌금이며 소로스와 울프가 동원한 재계 인맥이 오바마 후보 쪽으로 이동하는 데 결정적 역할을 했다는 사실을 부인할 수 없다.

2008년의 미국 대통령 선거는 몇 가지 기록을 남겼다. AP 통신은 가장 큰 특징이 바로 두 후보가 사용한 선거자금을 지적했다. 모두 10억 달러(약 1조 2,600억 원)에 육박해 사상 최고의 선거자금으로 기록됐다.[67]

일반적으로 잘 알려진 사실은 오바마 후보가 소액모금 방식을 사용하고도 풍부한 자금을 확보해 1970년대 정치헌금법이 강화된 이후 공적 선거자금의 지원을 받지 않는 최초의 당선자가 됐다는 것이다. 물론 300만 명이 넘는 개인들이 '풀뿌리 민주주의'의 원칙을 지키며 낸 소액헌금이 결정적 기여를 한 것은 틀림없지만 전통적 민주당 선거 자금줄이었던 정치헌금자들이 오바마 지지로 돌아섰다는 것은 매우 의미심장하다. 이는 민주당 경선에서 오바마가 클린턴과의 힘겨운 싸움에서 승리할 수 있는 가장 중요한 바탕이 됐고 결국 매케인(John McCain, 1936~)을 물리치고 대통령에 당선될 수 있었던 숨은 이유 중 하나였다.

소로스는 공화당 8년의 집권기간 동안 미국이 '탈선'했다는 굳은 신념을 가졌고 진보적 민주당, 특히 오바마를 통해 미국을 제자리에 돌려놓겠다며 정열을 불태워 왔다. 그리고 다시 제자리로 돌려놓을 계기를 오바마를 통해 잡았다고 믿고 있다.

소로스는 나이나 경력을 감안할 때 공개적인 정치 포스트에 나갈 가능성은 거의 없다. 그 스스로 2006년에 밝혔던 대로 정치의 장에서는 다소 떨어져 있겠지만 정책에 대한 영향력을 더욱 강화해 나갈 것이다. '직접 일하지 않고 의뢰만 하는 클라이언트'의 삶은 소로스에게는 죽음이기 때문이다.

소로스는 자신이 쥔 영향력 확대를 통해 자신의 마지막 승부를 생전에 치르기를 원할 것이다. 경제철학자로서 또 이 시대의 마지막 현인으로서 맞닥뜨릴 마지막 도전이 될 것이다. 그 새로운 도전이 어떤 모습일지는 매우 유동적이지만 사상가로서, 경제철학자로서 자신의 원칙을 세상에 심어 놓는 마지막 길을 걸어갈 것이다.

마지막 도전: 위대한 철학자 혹은 열린사회 구축자

소로스의 저서에서 가장 많이 언급되는 사상가는 칼 포퍼와 케인즈이다. 포퍼는 소로스가 지향하는 철학의 출발점이다. 특히 소로스는 "과학적 지식조차도 궁극적인 진리가 될 수는 없다"는 포퍼의 말을 자주 인용한다. 현실 인식에 대한 오류가 결국은 그의 지향점인 '열린사회'로 모아진다.

소로스가 언급하는 또 한 사람은 경제학자 케인즈이다. 케인즈의 이론보다는 그가 끼친 사상가로서의 영향력에 더 주목한다. 20세기의 대공황을 일반균형이론에 따라 설명했던 케인즈의 저서 『고용, 이자 및 화폐에 관한 일반이론』에 대한 동경과 부러움이 가득하다. 케인즈가 당시의 상황을 이론적으로 설명하고 대안을 냈듯이 소로스 자신도 지금의 사회와 경제를 설명하는 '일반이론'을 통해 전 세계로부터 금융의 달인이 아니라 세상을 설명했던 '위대한 철학가'로 인정받고 싶어 한다.

소로스가 가진 또 다른 꿈은 자신의 철학을 현세에 실천하는 것이다. 그것은 이미 열린사회라는 개념을 현실화했던 자선사업의 연장선상에 있다. 막대한 정치자금을 동원해 부시 낙선 운동을 주도하고 오바마의 당선에 결정적 물꼬를 튼 이유도 열린사회 구축과 관련이 있다. 천재 투자가인 소로스는 정치 분야에서도 상당한 수익을 올린 셈이다.

이 목표는 이미 1990년대에 정해진 것으로 보인다. 소로스가 금융투자의 일선에서 한 발 물러선 이 시기 소로스는 자선사업가로서 가장 바쁜 시간을 보내던 시기다. 그는 전 세계에서 열린사회재단 운영에 실질적으로 관여하는 한편 자신의 인생을 차곡차곡 정리하면서 자신의 세계관을 다시 다듬었다. 그 비전이 '국제적 열린사회의 구축'이다.

위대한 철학가로 인정을 받고 또 그 이념의 실천을 통해 '국제적 열린사회'를 구축한다는 것은 이제 고령에 접어든 소로스의 마지막 도전이 될 것이다.

'위대한 철학자'로 인정받기

소로스의 첫 번째 도전은 자신의 이론이 당대의 사회와 경제, 그리고 인간을 설명하는 일반원리로 인정받는 것이다. 역

사에서 '위대한 금융가이면서 위대한 철학자'로 자신을 기록
해 주기를 간절히 바라고 있다. 그는 다음과 같이 고백했다.

> 나는 어엿한 철학자로 인정받았으면 하는 아주 몹쓸 바
> 람을 가지고 있다. 그리고 바로 그 야망은 내게 대단히 넘기
> 힘든 난관이었다. 사람들이 내 주장을 제대로 이해하지 못
> 하고 있다는 생각이 들면 나는 계속해서 설명하고 또 설명
> 해야 한다는 강박관념에 사로잡힌다. 내 책들은 같은 패턴
> 을 따르고 있다. 똑같은 이론을 설명하고, 마지막 부분에서
> 는 독자들을 실망시키지 않기 위해 책을 집필할 당시의 현
> 실을 내 이론에 적용해 보여 준다.[68]

소로스의 철학이라고 부를 수 있는 기본 개념은 '재귀성 이
론(The Theory of Reflexivity)'이다. 그는 이미 펀드 매니저로서 기
록적인 수익률을 기록할 때 투자방법으로 이 이론을 써 먹었다
고 여러 차례 고백한 적이 있다. 소로스는 최초의 저서인 『금
융의 연금술』에서 이미 1985년 8월부터 1986년 11월까지의
주식시장에 대한 꼼꼼한 기록까지 공개하며 이 이론의 당위성
을 열심히 설명하기 시작했다.

재귀성 이론의 출발점은 인간이 합리적이지 않다는 가정에
근거하고 있다. 첫 저서인 『금융의 연금술』에서부터 2008년
에 출간된 『금융시장의 새로운 패러다임』에 이르기까지 일관
성 있게 드러나고 있다. 개인의 의사결정뿐만 아니라 사회와

경제, 정치, 국제관계에까지 적용되는 보편적 원리임을 강조하고 있다.

현실은 영원히 우리가 잡을 수 없는 움직이는 목표이다. 참여와 이해는 서로를 간섭하며, 그로 인해 우리의 이해는 본질적으로 불완전하며 우리의 행동은 의도하지 않았던 결과를 낳는다. 나는 사고와 현실간의 양방향 관계를 '재귀성'이라고 부른다. 이것이 나의 개념적 토대이다.[69]

현실의 흐름과 그것을 보는 편견이 상승작용을 일으켜 거품을 만들어 낸다는 것이다. 인간은 인지적 기능과 조작적 기능을 동시에 갖고 있기 때문에 자연을 인식하면서 이미 조작한다는 것이다. 인간이 가진 조작적 기능은 결국 자신의 행동이 자신에게 유리하도록 만든다.[70]

부시의 재선 방지 운동에 열심이었던 2004년에는 『미국 패권주의의 거품』이란 책을 통해 부시의 잘못된 국제정책을 '재귀성 이론'으로 비판했다. 그리고 2008년 출간한 『금융시장의 새로운 패러다임』을 통해서는 '재귀성 이론'을 통해 국제금융위기가 올 수밖에 없었던 점을 명쾌히 설명해 내고 있다. 물론 주류 학자들은 여전히 소로스의 이론적 토대에 대해 심각하게 받아들이지도 않을 뿐만 아니라 언급조차 하지 않는다.

소로스는 『미국 패권주의의 거품』에서 "사회적 상황에는 불완전한 이해를 토대로 의사결정을 내리는 생각하는 참여자들(thinking participants)이 존재하기 때문에 사회적 상황은 자연적 현상과는 근본적으로 다르다. 이 때문에 자연에 관한 연구에서는 놀라운 성과를 냈던 방법이 사회적 상황에서는 다소 왜곡된 결과를 가져온다"고 지적했다. 그래서 그 대안이 '열린사회'이다. 열린사회는 개성을 향해 스스로를 열어 놓고 있다. 열린사회는 사람들이 다양한 견해와 이해를 가지며, 그 누구도 궁극적인 진리를 가지고 있지 않다는 인식에 토대를 두고 있다는 것이 소로스의 생각이다.

그런데 그 주체가 사회든 시장이든 또 다른 문제가 발생한다. 기본적으로 사람들은 다른 사람들과의 교환을 통해 개인의 이익을 추구하지만 메커니즘 자체가 '공동의 이익'을 창출하지는 않기 때문이다. 이에 따라 "공동의 이익은 정치기구들을 필요로 하며 여기서 '오류'라는 어려운 점이 발생한다"는 것이 소로스의 생각이다. 따라서 정치기구는 의사결정을 내려야 하지만 그 결정은 잘못된 것이기 쉽다. 그렇다면 그 결정은 다시 수정기구가 필요하며 완벽이란 것이 없기 때문에 그 기구들을 수정할 기구가 있어야 하며 결국 무한 반복된다는 것이다.

이런 상황에서 정책 결정자의 편견은 거품을 일으키는 주범이 된다는 것이다. 즉, "현재의 주도적 흐름과 편견이 서로를 보강할 때 거품과정은 시작된다. 편견이 더욱 두드러지면 증거에 의해 수정되기 쉽다. 그리고 이 우세한 흐름이 검증을 견뎌 내는 한 이 흐름은 편견을 현실로부터 더욱 멀어지도록 보강하는 역할을 한다. 거품과정이 어디까지 진행됐는가에 따라 역전은 거품이 터지는 것과 유사하게 파국적일 수도 있다"고 경고했다.

그것이 바로 부시의 거품이라는 것이다. 그 거품이 결국 이라크에 대한 잘못된 공격으로 나타났으며 이를 되돌리는 것이 미국에게 가장 중요하다는 인식이다. 그것은 곧 부시를 대통령에서 끌어내리는 일이었다.

국제금융위기, 소로스 철학의 승리?

'시장에서 더욱 특징적으로 나타나는 것이 바로 재귀성'이라는 것이 소로스의 지적[71]이다. 시장에서 특정 자산의 가격은 균형이나 내재적 가치에 의해 만들어지는 것이 아니라 시장에 존재하는 편견 위에 존재한다는 것이 그의 인식이다. 따라서 사람들은 객관적인 현실을 인식하지 못해 기대치를 가지는데 현실과 기대치 사이에 간섭이 발생한다. 섞여 버린다는 것이다. 그래서 오판은 오판을 낳아 결국 극단으로 가고 만다. 이것이 소로스가 경험해 온 국제금융시장이었다.

그래서 그는 기존의 경제이론을 비판한다. "경제주체들은 가능한 모든 정보에 근거해 합리적인 결정을 내리며, 시장은 언제나 수급균형을 이룬다는 합리적 기대 이론은 금융시장의 움직임을 완전히 잘못 해석하고 있다"는 것이다. 결국 시장이 자기정화를 하고 균형을 잡는다는 지배적인 패러다임이 오히려 시장의 거품을 불러왔다는 것이다.

소로스는 '서브-프라임 모기지' 사태 이후 금융위기를 이렇게 분석한다. 2000년 말 인터넷 버블이 붕괴하면서 미국 은행 당국이 금리를 인하했다. 그러자 주택 버블, 차입에 의존한 기업 인수 등 과잉유동성이 유발되기 시작했다는 것이 소로스의 진단이다. 예컨대 2000년부터 5년간 미국의 주택 시가총액은 무려 50퍼센트나 급증했는데 이는 곧 투기세력이 개입하는 계기가 됐다고 한다.

특히 모기지 업체는 앞뒤 가리지 않고 담보대출을 제공하며 수수료 수입을 올렸는데 그중에는 비우량주택 담보대출이 급증하기 시작했다. 특히 소로스는 닌자(ninja) 대출까지 성행해 부실을 부추겼다고 지적했다. 즉, 수입도 없고(no income), 직업도 없으며(no job), 자산도 없는(no asset) 사람에게까지 돈을 빌려주는 것이 닌자 대출이다.

주택가격이 오를 것이라는 사람들의 기대, 대출 실적을 올리려는 금융회사의 의도가 주택시장의 버블을 만들어 냈고 그 아래에는 지난 25년간의 유동성 버블이 깔려 있다는 지적이다. 그래서 결국 '슈퍼 버블'이 됐고 결국 경제가 무너진다는 것이 소로스의 개괄적 입장이다.

소로스는 그러나 '슈퍼 버블'의 종결과 함께 새로운 버블이 생겨나기 시작했다는 우울한 전망도 내놓았다. "달러화 기피 현상으로 인한 원자재와 에너지시장의 거품이 이미 형성되기 시작했고 바이오연료 관련 정책은 농산물시장의 거품을 조장하고 있다"는 것이다.

결국 소로스의 결론은 그간 세계경제의 주축이었던 미국의 지배력과 달러의 시대가 종말을 고하고 있다는 것으로 요약할 수 있다. 따라서 정치·경제·사회 등 모든 분야에서 불안정한 시기가 찾아오겠지만 이는 새로운 세계질서의 부상을 뜻한다는 지적이다. 2008년 저서 『금융시장의 새로운 패러다임』의 결론이다.

국제금융위기의 발생으로 소로스는 자신의 이론적 토대가 증명되었을 뿐만 아니라 케인즈에 버금가는 경제이론으로 인정받는 계기가 됐다는 자부심을 내비치기도 했다. 그는 "균형이론과 그로부터 파생된 정책들, 그리고 시장근본주의를 포함한 기존의 지배적인 패러다임은 최근의 금융위기를 설명할 수 없음을 스스로 보여주었다"는 점을 큰 성과로 꼽았다.

소로스는 특히 "앞서 발표한 책들에는 여러 가지 결점들이 있었다. 이번에는 그러한 결점들이 극복되기를 바란다. 나는 내 철학이 독자들이 이해하려고 노력을 기울일 만한 가치가 충분히 있다고 믿는다. 투자자로서 운 좋게 많은 수익을 올리고, 또 번 돈을 현명하게 쓰면서 나는 항상 철학자로 인정받고 싶은 바람이 있었다. 이번에는 그 소원을 이룰 수 있을 것 같다. 이제 내 인생에서 더 무엇을 바라겠는가."[72]라고 이야기하고 있다.

소로스 스스로 철학자로서 인정받았다는 자신감을 피력했지만 여전히 일반 대중들은 '철학자 소로스'에 별로 관심이

없어 보인다. 보통 사람들 입장에서는 '철학'이 문제가 아니라 그의 투자기법에 촉각을 곤두세우고 있다. '이런 불경기에 소로스는 어떤 포트폴리오로 수익을 올릴까'만 알고 싶은 것이다. 놀랍게도 그가 설명하려 애쓴 '재귀성' 이론이 '경제사상가 소로스'라는 현상에도 그대로 적용되고 있는 듯하다.

전문가들도 소로스의 금융투자나 그 기법에 대해 연구를 하긴 하지만 그의 철학을 외면하기는 일반 대중과 별로 다름이 없다. 소로스는 자신의 철학이 소외되고 있는 이유에 대해 『오류의 시대』라는 책에서 그 서운함을 내비쳤다. 학자들은 기껏해야 자신의 철학을 그저 다 알려진 지식을 정리해 놓은 데 불과하다고 혹평하고 있다는 것이다. 그의 반론을 들어보자.

많은 논평가들이 명백한 것을 내가 단순히 윤색하고 있는 중이라고 말한다. 그러나 그들의 비판은 옳지 않다. 왜냐하면 일반적으로 받아들여진 이론들, 즉 금융시장이 균형을 향하는 경향이 있다는 이론이나 테러와의 전쟁과 같은 특정상황에 대한 내 해석이 일반적인 지혜와 상충되기 때문이다.[73]

또 하나의 문제제기는 "소로스가 그럴 자격이 있느냐?"는 것이다. 국제금융시장의 허점을 이용해 엄청난 수익을 올려왔던 헤지펀드 운용자가 느닷없이 시장의 개혁자로 나선 것에 대한 반감이다. 이에 대해 소로스는 "국제금융시장에서 이익을 내는 것과 시장을 개혁하는 것 사이에는 서로 상충되는 부분이 있다는 말을 종종 듣는다. 그러나 나는 그렇게 생각하지 않는다. 나는 내가 성공을 거두어 온 국제금융시장이 보다 더 내구성을 가질 수 있도록 개선하는 데 열정적인 관심을 갖고 있다"며 오히려 자신이 적격자라는 입장을 밝혔다.[74]

따라서 앞으로도 소로스는 이 이론의 완성도를 높이고 널리 알리며 결국 동시대로부터 인정받고야 말겠다는 노력을 중단하지 않을 것이다. '위대한 철학자로 인정받기'는 그가 가진 마지막 열망 중에서 맨 앞자리에 있다.

열린사회의 최종 개념 – '세계적 열린사회'

폐쇄된 개별 국가의 체제를 개방으로 이끌어내던 소로스의 자선사업은 1990년대 들어 큰 전환기를 맞이한다. '세계적 열린사회(a Global Open Society)'란 개념의 등장이다.

소로스가 이 개념을 체계적으로 표현한 것은 미국의 월간 「애틀랜틱(The Atlantic)」 1998년 1월호 기고문에서였다. 그 제목이 바로 "세계적 열린사회를 향하여"였다.[75] 이 논문의 골격에 살을 붙인 것이 『열린사회: 글로벌 자본주의의 개혁(Open Society: Reforming Global Capitalism)』이라는 책이다. 또 이 책을 보완해 2002년에 출간한 것이 바로 『열린사회 프로젝트(Open Society Project)』라는 책이다. 이 책은 소로스의 장기 구상이 가장 잘 드러나는 저서 중의 하나이다.

소로스는 세계화가 세 가지 큰 문제점을 지니고 있다고 지적했다. 우선 많은 사람들, 특히 개발도상국 국민들의 경우 세계화의 제물이 돼 사회보장제도의 혜택을 박탈당하고 있으며 세계시장에서 소외돼 왔다는 시각이다.

둘째, 시장에서의 맹목적인 이익 추구는 공공의 이익에 오히려 장애를 유발할 수도 있다는 지적이다. 소로스는 이를 "공공재와 사재 사이의 지원분배의 실패"라고 여겼다. 결국 이익 추구 때문에 환경을 해치거나 사회적 문제를 야기하는 등의 부작용이 빈발했다는 것이다.

세 번째 문제점은 바로 소로스의 주요 관심사인 국제금융시장의 위험성이다. 특히 선진국의 경우 금융위기가 야기하는 폐해를 잘 느끼지 못할 수도 있지만 개발도상국의 국민들은 금융시장 불안에 따른 매우 큰 피해를 입기도 한다고 그는 밝혔다.

따라서 이런 문제 해결이 곧바로 '국제적인 열린사회'의 구축과 깊은 관련이 있다. 소로스는 "국제적인 열린사회의 구축은 어떤 개별 국가가 보장해 줄 수 있는 것보다 훨씬 더 많은 자유를 가져다줄 것이다. 나는 자본은 자유롭게 이동하고 있지만 그로 인한 사회적 문제에 대한 관심은 매우 취약한 현재의 상황을 국제적인 열린사회의 왜곡된 한 형태라고 생각한다"라고 밝혔다.

소로스의 가장 강력한 처방은 국제기구의 강화이다. 그러나 국제적 열린사회의 왜곡은 실질적으로 시장근본주의를 신봉하는 극우파와 반세계화주의를 부르짖는 극좌파를 하나로 만들어 국제기구를 무력화하는 방향으로 작용해 온 결과라는 것이 그의 비판이다. 미국 의회가 유엔의 입지를 약화시켜 왔고 반세계화 운동 세력은 국제무역기구를 집중 공격해 왔다는 것이다.

소로스의 이 같은 처방은 기존의 이론 가운데 '글로벌 거버넌스(Global Governance)'와 일맥상통한다. 글로벌 거버넌스란 세계질서를 유지할 수 있는 초강대국이 없는 상황에서 초국가적 행위자들의 상호작용으로 형성되는 국제질서를 의미한다.

오바마 정부 역시 국제금융위기나 지구온난화 그리고 테러 등 전 지구적 대응을 필요로 하는 문제에 대해서는 과거 부시 정부와는 달리 '세계정부'의 이상에 더 가깝게 행동할 것이라는 것이 지배적 관측이다. 「파이낸셜 타임스(The Financial Times)」의 칼럼니스트 기드온 라크가 2008년 12월에 게재한 "이제는 세계 정부를 향해"라는 칼럼도 이같이 전망했다. 존 포데스타 정권인수팀 팀장과 스트로브 탤벗 브루킹스연구소 소장 등이 주도한 '지구 불안정 관리' 프로젝트 보고서는 테러 대처를 주 업무로 하는 유엔 고등판무관 및 5만 명 규모의 평화유지군 신설이 제안됐다. 또 오바마의 핵심 측근인 수잔 라이스를 유엔 주재 미국 대사로 임명한 것도 유엔을 중요시하는 그의 입장을 대변해 주는 것이라고 라크먼은 지적했다.[76] 국제금융기구는 더욱 활성화될 예정이다.

소로스는 패권주의에 몰입해 국제 규칙을 받아들이지 않은 부시 정부의 잘못을 바로잡아 진정한 국제사회의 일원으로 미국의 힘을 모아 나가는 것이 선결 과제임을 강조하고 있다.

그래서 그는 "세계적인 열린사회를 실현하기 위해서는 미국도 다른 국가들에게 적용되는 동일한 규칙을 준수해야 한다. 뿐만 아니라 미국은 국제기관, 국제법, 국제기준들을 강화하기 위한 리더십을 발휘해야만 한다. 개별 국가들의 주권이 이러한 국제법, 국제기준 및 규정들을 방해할 수 있기 때문에 자발적 준수를 유도하기 위한 동기와 혜택을 부여해야 할 것이다. 물론 미국이 홀로 이것을 수행할 수는 없으므로, 다른 나라들로부터 협력을 얻어 내기 위해서는 더욱 적극적으로 주도적인 역할을 수행해야 한다"고 지적했다.

에필로그 : 소로스는 길에서 멈추지 않는다

카우프만이 쓴 소로스의 전기 마지막 제27장의 제목은 "칠순의 소로스(Soros at Seventy)"였다. 그런데 한국어 번역판은 그 제목을 좀 더 시적(詩的)으로 달았다. "칠순의 소로스, 멈추지 않는다"라고. 실은 이것이 훨씬 더 사실에 가까운 묘사라고 할 수 있다.

소로스의 여정은 팔순이 넘고 죽음이 와도 멈추지 않을 것 같다. 소로스의 행보가 늘 그렇게 계속되어 왔기 때문이다. 기존의 자선사업 예산은 계속 줄여 왔고 또 정책사업에는 더욱 적극성을 띄어 왔다. 자신이 혹 죽더라도 필요한 사업에 대해서는 영구지원 명목으로 정해 놓고 사업이 계속될 수 있도록 조처해 놓았다. 죽음조차 자신의 길을 가로막지 못하도록 해 놓은 것이다.

소로스는 또 변명이나 자기방어를 하지 않는 달인이기도 했다. 그의 철학적 토대에 대해 수많은 비판을 받았고 또 무시당하고 심지어 조롱당하기도 했지만 멈추지 않았다. 그만큼 자신의 사고가 시대를 꿰뚫어 보고 있다고 믿기 때문이다.

키신저(Henry A. Kissinger, 1923~) 전 미 국무장관은 강한 어조로 세계화에 대한 소로스의 의견이 옳다고 믿는다는 사실을 밝힌 사람이다. 그는 2000년 가을 인터뷰에서 이렇게 말했다.

"무슨 일이 일어났나 돌아보면서, 소로스가 틀렸을지도 모른다고 사람들은 생각할 것이에요. 하지만 나는 그가 틀리지 않았다고 믿어요. 새로운 기술이 많이 생겨나서, 역사의 주기가 길어진 거죠."77)

소로스는 자신이 목표로 했던 꿈을 거의 다 달성해 가고 있다고 느낄지도 모른다. 소로스는 국제금융 시장에선 더 이룰 게 없을 것이다. 미국 정치에서 목표로 했던 진보적 민주당의 정권 장악에도 이미 큰 역할을 했다. 또한 철학가로서의 삶 또한 상당 부분 인정받았다는 생각을 가지고 있다.

그러나 여전히 숙제로 남아 있는 것이 있다. 필생의 꿈이 된 '세계적 열린사회'의 구축일 것이다. 오바마 정부의 출범으로 돌파구를 마련했지만 소로스는 결코 자신의 걸음을 멈추지 않을 것이다. '국제적 열린사회'가 현실에서 구현될 수 있도록 자신의 모든 영향력을 더욱 높여 나갈 것이라는 의미로 받아들일 수 있다. 미국의 독주보다는 국제기구의 강화와 상호협력이 강조되는 새로운 국제환경이 형성되는 근본적인 과도기로 세계가 들어갔다는 강력한 징후다.

미국의 변화는 세계질서의 근본적 변동을 의미한다. 미국에서의 작은 변화는 전 세계로 파급되면서 국가에 따라선 쓰나미로 몰아칠 수도 있다. 특히 국제사회로부터 받는 영향력이 정말 민감한 우리 입장에서는 더더욱 소로스의 발걸음에 주의를 기울여야 하는 이유이다.

영국의 지성 러셀(Bertrand Russell, 1872~1970)은 인간을 "천사와 악마의 이상한 혼합물"[78]이라고 정의했다. 보편적인 사랑도 지니고 있지만 잔인함, 탐욕, 무관심 그리고 거만스런 거부감도 섞여 있다는 것이다. 소로스도 바로 그런 사람이고 우리도 마찬가지다.

그러나 소로스는 늘 주어진 환경 속에서 최선을 다해 왔다. 최선을 선택할 수 없으면 최악을 막기 위해 차선을 택한 냉혹한 현실주의자였다. 또한 상상할 수 없는 재산을 자선사업에 써왔고 또 철학자의 꿈을 영원히 간직한 고고한 이상주의기도 했다.

소로스는 스스로 "금융가, 박애주의자, 철학적 투기자"라고 불러 달라고 했던 적이 있다. 그는 충분히 그럴 자격이 있다. 소로스는 2008년의 저서 『국제금융의 패러다임』을 이렇게 마무리했다.

더 나은 세계 질서를 창출하려면 어떻게 해야 할 것인가. 이제부터 우리가 해답을 찾아야 할 문제들이 적지 않다. 이러한 문제들에 대한 활발한 토론에 많은 사람들이 참여했으면 하는 바람이다.

소로스는 그 길에서 결코 쉬지 않을 것이다. 또한 우리들에게 그 길을 함께 걸어가자고 손짓하고 있다.

남기고 싶은 말

누구에게나 작은 인연이 될 법한 이름이 있기 마련이다. 소로스(Soros)란 이름이 내게는 그렇다. 앞에서 읽거나 뒤에서 읽어도 꼭 같은 철자 배열을 가진 묘한 이 이름을 처음 접한 것은 1980년대 후반 '헝가리국립과학원' 부속 도서관에서였다. 동유럽 공산 체제가 어떻게 무너지며 자본주의로 전환해 갈지를 논문 테마로 삼아 부다페스트에서 공부하던 시절이었다.

그런데 미국이나 영국에서 출간된 최신 영문 서적, 그것도 공산 체제에 비판적인 책들이 공산 체제 최고의 엘리트 학술 기관에 빼곡하게 차 있다는 것은 꽤나 놀라운 일이었다. 그 책 앞엔 예외 없이 '조지 소로스 재단(George Soros Foundation)'이라고 찍힌 선명한 스탬프를 발견할 수 있었다. 국회도서관이나 국립도서관도 마찬가지였다.

그때 안 것은 소로스가 헝가리 출신의 유태인으로 미국에 가서 억만장자가 됐다는 정도였다. 그리고 조국인 헝가리를 비롯한 동유럽 국가의 경직된 체제를 개선할 목적으로 재단을 만들어 다양한 서방의 책을 도서관에 기증하고 또 지식인들의 연구를 집중 지원해 왔다는 사실 정도를 알았다.

그때부터 언젠가 이 흥미로운 인물에 대한 책을 써야겠다는 막연한 생각을 했다. 개인적으로 그 책들을 보면서 소로스에게 조금이나마 빚을 졌다는 느낌을 가졌던 적이 있기 때문이다.

더 크게는 소로스가 아리스토텔레스 이후의 고전적 전통을 지켜낸 한 사람일 수도 있다는 점에 생각이 미치면서 더 관심을 가졌다. 서양지성사의 전통으로 보면 우리는 적지 않은 유니버설맨(universal man)을 만날 수 있다. 다양한 분야에서 폭넓은 재능을 보여준 사람들이 바로 유니버설맨이다.

아리스토텔레스는 철학자이기도 했지만 그가 남긴 『동물지』는 근대까지 서양 동물학의 기초로 남아 있었다. 레오나르도 다빈치는 예술가였지만 과학자이기도 했고 인체를 해부한 병리학자이기도 했다. 이는 19세기까지 인류의 지적 전통이기도 했다.

소로스라는 인물은 인간이 가진 다양한 자질을 보여 준 '마지막 유니버설맨'이라는 생각도 든다. 천재적으로 투자를 하면서도 철학자의 꿈을 그대로 가지고 있고 또 정치적 영향력을 행사해 자신의 꿈을 이루려는 야심이 또 그렇다. 그 꿈은 물론 세계 평화라는 보편적 가치이다.

사실 어떤 인물을 객관적으로 그려 내기는 거의 불가능하다. 소로스가 이론적 토대로 삼았던 '재귀성'에 따르면 더욱 그렇다. 소로스의 평전이랄 수 있는 이 작은 책의 내용마저도 독자에 따라 전혀 다른 평가를 받을 것이다. 그나마 개인적으로 20년 전 막연히 가졌던 바람을 이루어낼 수 있다는 것만으로도 이번 글쓰기는 매우 행복했던 순간이었다.

소로스는 언젠가 아메리칸 드림을 이룬 비결을 묻자 다음과 같이 대답했다. 필자뿐만 아니라 독자 여러분 모두의 가슴에도 담아 두었으면 하는 이 말로 이 작은 책을 마무리하고 싶다.

"비판적으로 사고하라. 그리고 실수할 때 깨닫고 고쳐라!"

주

1) 스페인출신의 미국 철학자이자 시인인 조지 산타야나(George Santayana)의 말이다. 원문은 "Those who forget history are doomed to repeat it"이다.

2) 에드워드 챈슬러, 강남규 옮김, 『금융 투기의 역사』, 국일증권 경제연구소, 2006, 327쪽.

3) 이 리포트는 '국제통화기금' 인터넷 사이트에서 볼 수 있다. http://www.imf.org/external/pubs/ft/weo/2008/01/pdf/text.pdf 원문은 "The financial market crisis that erupted in August 2007 has developed into the largest financial Shock since the Great Depression"이다.

4) 클라우스 뮐러, 김대웅 옮김, 『돈과 인간의 역사』, 이마고, 2007, 16쪽.

5) 소로스는 2008년 7월 22일 「조선일보」와의 단독 인터뷰에서 소로스펀드의 규모가 170억 달러라는 대변인의 지적에 대해 즉각 200억 달러라고 최신 통계로 정정해 말해 주었다. 인터뷰 내용은 「조선일보」 경제 섹션 '위클리비즈' 8월 2일자.

6) 마이클 T. 카우프만, 김정주 옮김, 『소로스』, 베스트인코리아, 2002, 568쪽.

7) 「Time」 1997년 9월 1일자. www.time.com/time.magazine/1997/int/970922/box1.html 참조.

8) 「The Financial Times」 1997년 7월 23일자, 'Malaysian Premier in Veiled Attack on Soros'.

9) 이 기사는 「The Business Week」 홈페이지에서도 읽을 수 있다. http://images.businessweek.com/ss/08/11/1124_biggest_givers/5.html 참조.

10) Robert Slater, *SOROS: The Unauthorized Biography, the Life, Times and Trading Secrets of the World's Greatest Investor*, McGraw-Hill, 1997.

11) 카우프만은 1995년 소로스가 설립한 열린사회재단(Open Society Institute)이 체코의 프라하에서 발행한 잡지 「트랜지

션스」의 편집장을 맡으며 소로스와 직간접으로 교류했다. 또한 전기 집필 중 소로스와 그의 가족 등을 직접 면담하기도 했고 필요한 자료를 건네받기도 하는 등 소로스 일가의 전폭적인 지원을 받았다. 소로스는 그러나 카우프만에게 메모를 보내 "나는 그 책이 내가 공인한 자서전이 아님을 명백히 밝힐 것을 요청한다"고 했다. 카우프만 자신도 "이 자서전은 내 책이지 조지 소로스의 책이 아니다"는 사실을 강조하고 있다. 카우프만, 19쪽.

12) 카우프만, 359쪽.

13) 본래 에스페란토어로 지어진 이 책은 나중에 영어로 번역이 돼 *Maskerado: Dancing around Death in Nazi Hungary*라는 제목으로 출판됐다. 이 인용문은 카우프만의 회고록 34쪽에서 재인용.

14) 1867년 오스트리아와 헝가리는 합스부르크 왕가의 주도하에 대타협을 통해 동등한 입장에서 제국을 수립했으며 제1차 세계대전 패전과 함께 분리됐다.

15) 1887년 폴란드의 안과의사 자멘호프가 창안한 언어. 1905년에 펴낸 '에스페란토의 원리(Fundamento de Esperanto)'가 그 출발점이다. 1908년에 국제에스페란도협회가 창설됐다.

16) 카우프만, 80쪽.

17) 원제는 *The Open Society and Its Enemies*이다. 칼 포퍼는 이 책을 제2차 세계대전 중 집필했다. 첫 번째 책은 '플라톤의 마술', 두 번째 책은 '예언의 높은 물결: 헤겔, 마르크스, 그리고 그 여파'라는 부제가 붙어있다. 역사주의와 전체주의를 비판하고 '열린사회'를 옹호하고 있다. 특히 포퍼는 헤겔과 마르크스가 20세기 전체주의의 뿌리라고 비판했다.

18) 카우프만, 159쪽.

19) 전영수, 『현명한 투자자는 이런 책을 읽는다』, 원앤원북스, 2006, 181쪽.

20) 데이비드 아커, 이상민 옮김, 『브랜드 포트폴리오 전략』, 비즈니스북스, 2006, 274쪽.

21) Burson-Marsteller의 2005년 CEO 평판조사 결과는 홈페이지에 자세히 나와 있다. http://www.b-m.ch/fileadmin/Burson-Marsteller/ Publikationen/B-M_Information_/B-M_Information_CEO_

Survey_e.pdf 참조.

22)「동아일보」2006년 10월 2일자.

23) 정두식,『자신있게 도전하라』, 삼진기획, 1999, 71쪽.

24) 김태견,『조지 소로스의 핫머니 전쟁』, 동녘, 1995, 28~29쪽.

25) 카우프만, 181쪽.

26) 본래 경제저널리스트로 활동하다 투자가로 변신했던 A. W. 존스가 1949년 만든 것이 헤지펀드의 시작으로 알려져 있다. 기본 전략은 매도와 매수 전략을 동시에 취해 수익을 높이고 위험을 줄인다는 의미로 쓰였다. 나중에 주식, 채권, 예금이나 외환 및 부동산에 각종 파생상품을 더해 복잡한 모델을 만들어서 안정적 수익을 내려는 상품이다.

27) 헤지펀드 창립자의 한 사람인 레온 레비가 1998년「뉴욕타임스」'Review of Books'에 실린 인터뷰에서 한 말. 카우프만, 239쪽에서 재인용.

28) 카우프만, 256쪽.

29) 마크 티어, 박진곤·손태건 옮김,『워렌 버핏과 조지 소로스의 투자습관』, 국일증권경제연구소, 2006, 279쪽.

30) 카우프만, 280쪽.

31) 카우프만, 271쪽.

32) 폴 크루그먼, 주명건 역,『불황 경제학』, 세종서적, 1999, 189쪽.

33) 폴 크루그먼, 190쪽.

34) 에드워드 챈슬러, 483쪽.

35) 조지 소로스, 형선호 옮김,『세계 자본주의의 위기』, 김영사, 1998.

36) 이 챕터의 주요 내용은 2007년 필자가『동유럽발칸학회보』여름호에 쓴 "헝가리 체제전환과정에서 조지 소로스의 역할"이란 논문을 중심으로 풀어썼다.

37)「The New Statesman」2003년 6월 2일자, Neil Clark, 'The Profile George'.

38) 2007년 1월 6일 77헌장 30주년 기념식이 열려 그 의미를 되새기기도 했다. 이에 대해서는 Vilém Prečan (Czechoslovak Documentation Centre), 'Charter 77 After 30 Years Documenting

the Landmark Human Rights Declaration', www.gwu.edu/~
nsarchiv/NSAEBB/NSAEBB213/index.htm 참조.

39) 헬싱키 워치는 나중에 미국의 인권 감시 기구인 휴먼 라이트
워치(HRW, Human Rights Watch)로 확대 개편돼 오늘에 이
르고 있다. www.hwr.org 참조.

40) 블라디미르 퍼만은 카우프만의 소로스 자서전에 언급되는
인물이나 소련 주요 반체제 인사 명부에는 나오지 않는다.
다만 헬싱키 협정이 체결된 이듬해인 1976년 소련의 모스크
바에서도 반체제 인사들을 중심으로 모스크바 헬싱키그룹
(Moscow Helsinki Group)이 창설됐는데 퍼만은 이 그룹의 핵
심 인물인 유리 오를로프(Yuri Orlov) 등 핵심인사와 가까운
인물이었던 것으로 보인다.

41) 야누치 교수는 이 재단과 관련해 2002년 12월 17일 체코 라디
오와 인터뷰를 해 당시의 역사적 사실을 밝히고 있다. David
Vaughn, 'Professor Frantisek Janouch-a cherished memory of a
miracle', http://www.radio.cz/en/article/35625 참조.

42) NPO는 비영리 기구 'Non-Profit Organization'의 약자로 말 그
대로 영리를 추구하는 목적을 갖지 않는 기구를 의미한다.
NPO는 주로 미국 법률상의 정의로 '이익을 회원들에게 배분
하지 않는 공식조직으로서 연방정부나 주정부의 조세체계상
공익목적 활동단체로서 조세감면대상 조직과 단체'를 의미
한다.

43) http://www.soros.org/about/faq#pageTop에서 자세한 내용을 설
명하고 있다.

44) 이 시기의 소로스의 행태를 보여주는 대표적 사례는 아프가
니스탄 사태였다. 1979년 아프간을 침공한 소련군은 무려 8
5,000명의 병력으로 반공산 단체인 무자헤딘과 싸우고 있
었다. 당시 소로스는 뉴욕에서 소련의 저명한 망명자 블라디
미르 부코프스키(1942~)를 만나 아프간 무자헤딘을 직접 지
원하라는 요구를 받는다. 소로스는 이 시기 반공산 체제 활
동을 어떤 식으로 지원해야 할 것인지에 대한 자신의 입장을
명확히 하지 못한 채 혼란을 거듭하고 있었다. 결국 소로스
는 자신이 반공산 활동을 지원하긴 하지만 "무력 투쟁까지
지원할 수 없다"며 부코프스키의 제안을 거절하고 만다. 카

우프만, 338쪽.

45) 이 시절 활동에 대해서는 소로스의 직접 인터뷰를 통해 논문을 작성한 Olga M. Lazin, "Rise Of The U.S. Decentralized Model For Philanthropy: George Soros' Open Society and National Foundations In Eastern Europe". http://www.isop.ucla. edu/profmex /volume6/1winter01/01lazin1.htm 참조.

46) 2007년 4월 현재 소로스 재단 www.soros.org에 등재된 소로스 펀드 각 국가별 현황은 다음과 같다.
뉴욕: Open Society Institute, 런던: Open Society Foundation, 알바니아: Open Society Foundation for Albania, 아르메니아: Open Society Institute Assistance Foundation, 아제르바이잔: Open Society Institute Assistance Foundation Azerbaijan, 보스니아 헤르체고비나: Open Society Fund Bosnia Herzegovina, 불가리아: Open Society Institute, 에스토니아: Open Estonia Foundation,체크: Open society Fund Prague, 그루지야: Open Society Georgia Foundation, 과테말라: Fundacion Soros Guatemala, 아이티 : Fondation Connaissance et Liberte, 헝가리: Soros Foundation Hungary, 카자흐스탄: Soros Foundation Kazakhstan, 코소보: Kosovo Foundation for Open Society, 키르기스탄: Soros Foundation Kyrgyzstan, 라트비아: Soros Foundation Latvia, 리투아니아: Open Society Fund Lithuania, 마케도니아: Foundation Open Society Institute Macedonia, 몰도바: Soros Foundation Moldova, 몽골: Open Society Forum, 몬테네그로: Foundation Open Society Institute Representative Office, 폴란드: Stefan Batory Foundation, 루마니아: Open Society Foundation Romania, 세르비아: Fund for an Open Society Serbia, 슬로바키아: Open Society Foundation Bratislava, 남아프리카공화국: Open Society Foundation for South Africa, 남부 아프리카: Open Society Initiative for Southern Africa, 타지키스탄: Open Society Institute Assistance Foundation Tajikistan, 터키: Open Society Institute Assistance Foundation Turkey, 우크라이나: International Renaissance Foundation, 우즈베키스탄: Open Society Institute Assistance Foundation Uzbekistan, 서아프리카: Open Society Initiative for West Africa 등이다.

47) 도른바흐는 나중에 소로스가 설립한 Central European University 이사장이 된다. http://www.ceu.hu/share_holding. html 참조.

48) 대표적 인물이 오르반 빅토르(Orvan Viktor)이다. 1998~2002년 까지 헝가리 총리를 역임했다. 앞서 그는 소로스 재단의 지 원을 받아 1989년부터 1년간 영국의 옥스퍼드 대학에서 유 학했다.

49) 소로스의 CIA와 연관에 대해서는 Heather Cottin이 2003년 12월 에 쓴 'George Soros: Imperial Wizard/Double Agent' 참조. http://www.leftgatekeepers.com/articles/SorosImperialWizardDoubl eAgentByHeatherCottin.htm 참조.

50) 조지 소로스, 최종욱 옮김, 『열린사회 프로젝트』, 홍익출판 사, 16쪽.

51) 박상식, 『국제정치의 이해』, 일진사, 2007, 93쪽.

52) David Horowitz & Richard Poe, *The Shadow Party: How George Soros, Hilary Clinton, and Sixties Radicals seized Control of the Democratic Party*, Thomas Nelson, 2007.

53) 조지 소로스, 최종욱 옮김, 『열린사회 프로젝트』, 91쪽.

54) 「뉴스위크」 2004년 10월 18일자 커버스토리.

55) 조지 소로스, 최종욱 옮김, 『미국 패권주의의 거품』, 세종연 구원, 2004, 244쪽.

56) 이와 관련해서는 「워싱턴 포스트(The Washington Post)」의 Laura Blumenfeld 기자가 쓴 "Soros' Deep Pockets vs. Bush : Financier Contributes $5Million More in Effort to Oust President"(2003년 11월 11일 화요일, A03면) 참조.

57) 조지 소로스, 최종욱 옮김, 『미국 패권주의의 거품』, 9쪽.

58) 조지 소로스, 최종욱 옮김, 『미국 패권주의의 거품』, 222쪽.

59) 「News Week」 2004년 10월 18일자.

60) 홈페이지는 http://www.americanprogress.org이다.

61) Edwin Chen, 'Soros-Funded Democratic Idea Factory Becomes Obama Policy Font', 「블룸버그 통신」 2008년 11월 18일 보도. http://www.bloomberg.com/apps/news?pid=washingtonstory&sid =aF7fB1PF0NPg 참조.

62) 이 내용은 소로스의 대변인 Michael Vachon이 보수성향의 인 터넷뉴스사인 CNS News에 확인해 준 내용. 「CNS News」, 2004년 7월 27일자. 홈페이지는 http://www.cnsnewsonline.com.

63) 이 자료는 대단히 당파적인 정치인 Lyndon LaRouche가 세운 사이트 「LPAC」의 기사 'How Soros Financed Obama's Campaign'의 기사이다(2008년 5월 30일자). 홈페이지는 http:// www.larouchepac.com/node/10779이다.

64) John Heilemann, 'Money Chooses Sides'에서 인용했다. http:// nymag. com/news/politics/30634/ 참조.

65) Jim VandeHei and Chris Cillizza, 'A New Alliance Of Democrats Spreads Funding, But Some in Party Bristle At Secrecy and Liberal Tilt'「워싱턴 포스트」2006년 6월 17일자 보도. http:// www.washingtonpost.com/wp-dyn/content/article/ 2006/07/16/AR2006071600882_pf.html 참조.

66) 우태희,『오바마 시대의 세계를 움직이는 10대 파워』, 새로 운 제안, 2008. 224~225쪽.

67) 「한국일보」2008년 11월 4일자 보도.

68) 조지 소로스, 최종욱 옮김,『미국 패권주의의 거품』, 69쪽.

69) 조지 소로스, 최종욱 옮김,『미국 패권주의의 거품』, 241쪽.

70) 조지 소로스, 황숙혜 옮김,『금융시장의 새로운 패러다임』, 위즈덤하우스, 2008, 13~15쪽.

71) 아래 설명은『금융시장의 새로운 패러다임』(조지 소로스, 황 숙혜 옮김, 위즈덤하우스, 2008)에서 주로 인용.

72) 조지 소로스, 황숙혜 옮김,『금융시장의 새로운 패러다임』, 위즈덤하우스, 2008, 72쪽.

73) 조지 소로스, 전병준 외 옮김,『오류의 시대』, 네모북스, 2006, 43쪽.

74) 조지 소로스, 최종욱 옮김,『열린사회 프로젝트』, 홍익출판 사, 2004, 15~16쪽.

75) 「The Atlantic」1998년 1월호. http://www.theatlantic.com/issues/ 98jan/opensoc.htm 참조.

76) 「한겨레신문」2008년 12월 9일자 재인용.

77) 카우프만, 563쪽에서 재인용.

78) 버트란드 러셀, 이성규 옮김, 『러셀 수상록』, 범우출판사, 2007, 79~80쪽.

참고문헌

__ 소로스의 저서

조지 소로스, 김국우 옮김, 『금융의 연금술』, 국일증권경제연구소, 1995.

조지 소로스, 고미선 옮김, 『소로스가 말하는 소로스』, 국일증권경제연구소, 1996.

조지 소로스, 형선호 옮김, 『세계 자본주의 위기』, 김영사, 1998.

조지 소로스, 최종욱 옮김, 『열린사회 프로젝트』, 홍익출판사, 2002.

조지 소로스, 최종욱 옮김, 『미국 패권주의 거품』, 세종연구원, 2004.

조지 소로스, 전병준 외 옮김, 『오류의 시대: 테러와 전쟁이 남긴 것들』, 네모북스, 2006.

조지 소로스, 황숙혜 옮김, 『금융시장의 새로운 패러다임』, 위즈덤하우스, 2008.

__ 소로스 전기

마이클 T. 카우프만, 김정주 옮김 『소로스』, 베스트인코리아, 2002.

프랑스엔 〈크세주〉, 일본엔 〈이와나미 문고〉,
한국에는 〈살림지식총서〉가 있습니다.

📖 전자책 | 🔍 큰글자 | 🔊 오디오북

조지 소로스

펴낸날	**초판 1쇄 2009년 1월 30일** **초판 3쇄 2024년 4월 16일**
지은이	**김성진**
펴낸이	**심만수**
펴낸곳	**(주)살림출판사**
출판등록	**1989년 11월 1일 제9-210호**
주소	**경기도 파주시 광인사길 30**
전화	**031-955-1350** 팩스 **031-624-1356**
홈페이지	**http://www.sallimbooks.com**
이메일	**book@sallimbooks.com**
ISBN	**978-89-522-1083-8 04080** **978-89-522-0096-9 04080 (세트)**

※ 값은 뒤표지에 있습니다.
※ 잘못 만들어진 책은 구입하신 서점에서 바꾸어 드립니다.